FIN
NLA
ND
INSIDER-TIPP
Deine Abkürzung ins Erleben!
Reisen mit MARCO POLO Insider-Tipps

MARCO POLO TOP-HIGHLIGHTS

SEURASAARI ★1

Endlich Sommer! Eines der schönsten Mittsommerfeste des Landes findet auf der Insel Seurasaari statt

➤ S.48, Helsinki & Südküste

SENATSPLATZ (SENAATINTORI) & DOM ★2

Bei diesem würdevollen Platz mit Domkirche machen selbst Reiseprofis noch große Augen

Tipp: Nimm den Dom vom Südostrand des Platzes am späten Nachmittag so ins Visier, dass die Straßenlaternen seitlich im Bild bleiben

➤ S. 45, Helsinki & Südküste

OODI-ZENTRALBIBLIOTHEK ★3

Ein architektonisches Gesamtkunstwerk mit Bücherhimmel in Helsinki (Foto)

Tipp: Vom Südrand des Senatsplatzes aus ist am späten Nachmittag der Kontrast zwischen Holzfassade, Glas und blauem Himmel phänomenal

➤ S. 50, Helsinki & Südküste

ÅLAND-INSELN ★4

Man spricht Schwedisch, ist autonom und voll entspannt: Das idyllische Archipel steht für Urlaub pur

➤ S. 70, Westfinnland

RAUMA ★5

Die Altstadt von Rauma ist das größte zusammenhängende Holzhausviertel Skandinaviens und, na klar, Weltkulturerbe

➤ S. 75, Westfinnland

SAIMAA-SEE 6

Kein Seeungeheuer, aber die Saimaa-Robbe wohnt im größten Seengeflecht Finnlands

📷 *Tipp: Richte dein Teleobjektiv im Morgenlicht auf die Ruhefelsen der Robbe*

➤ S. 95, Seenfinnland

KOLI-NATIONALPARK 7

Finnlands sagenumwobene „Nationalaussicht" inspirierte schon Tolkien zu seinem Fantasyroman „Herr der Ringe"

📷 *Tipp: Vom Gipfel des Ukkokoli geht im Sommer die Sonne fast im Norden unter und strahlt durch Wolken auf den See*

➤ S. 106, Ostfinnland

BOOTSTOUR AUF DEM LEMMENJOKI 8

Wie einst die Goldgräber: Fahr flussaufwärts durch den wildesten der finnischen Nationalparks

📷 *Tipp: Nutz bei Windstille den Spiegeleffekt des Wassers*

➤ S. 119, Lappland

KILPISJÄRVI 9

Im Dreiländereck des Nordens liegt dieses Samí-Dorf in einer grandiosen Landschaft. Nur hier übersteigen die Berge schon die Tausendermarke

➤ S. 121, Lappland

OPERNFESTSPIELE SAVONLINNA 10

Das Bayreuth des Nordens veranstaltet Jahr für Jahr ein international bedeutendes Klangereignis

➤ S. 135, Feste & Events

INHALT

LAPPLAND
OSTFINNLAND
WESTFINNLAND
SEENFINNLAND
HELSINKI & SÜDKÜSTE

⏲	Besuch planen	🍴	Essen/Trinken
€-€€€	Preiskategorien	🛍	Shoppen
(*)	Kostenpflichtige Telefonnummer	🍸	Ausgehen
		🏖	Top-Strände

(🗺 A2) Herausnehmbare Faltkarte
(🗺 a2) Zusatzkarte auf der Faltkarte
(0) Außerhalb des Faltkartenausschnitts

**BESSER PLANEN
MEHR ERLEBEN!**

**Digitale Extras
go.marcopolo.de/app/fin**

MARCO POLO

DIGITALE EXTRAS

DIGITAL NOCH MEHR ERLEBEN

Schneller in Urlaubslaune kommen.

Perfekt organisiert sein – vor, während und nach dem Urlaub.

Mit der MARCO POLO Touren-App und unseren digitalen Angeboten.

Noch mehr Trendziele, Inspiration und aktuelle Infos findest du auf **marcopolo.de**

Werde Teil unserer Reise-Community und folge uns auf **Instagram** und **Facebook!**

DAS BESTE ZUERST

Erst schwitzen, dann ins Wasser hüpfen: Saunahausboot am Päijänne-See

saunalautta.fi
040 482 1500
L-5472
saunalautta.fi
040 482 1500

BEST OF BEI REGEN

SCHÖN, AUCH WENN ES REGNET

INNERES STRAHLEN

Bei so vielen goldenen Ikonen im orthodoxen Museum *Riisa* bleibt der graue Regentag einfach draußen. Gold ist in der orthodoxen Tradition das Symbol für die Sonne, die hier immer scheint, zumindest symbolisch.

➤ S. 107, Ostfinnland

UNTERIRDISCH

Garantiert trocken, warm und hell ist es im 80 m tiefen *Tytyri-Kalkbergwerk*. Runter geht's mit dem schnellsten öffentlichen Aufzug Finnlands. Lightshow und Musik machen aus dem Besuch fast ein Spielfilmerlebnis.

➤ S. 54, Helsinki & Südküste

HANDWERKHOPPING

Die 30 Handwerkerhäuser um den Klosterhügel haben als einzige den großen Brand in Turku 1827 überlebt. Im *Handwerksmuseum Luostarinmäki* kannst du zuschauen, wie früher gelebt und gearbeitet wurde. Die wenigen Meter von Tür zu Tür schaffst du auch ohne Regenschirm. (Foto)

➤ S. 66, Westfinnland

AB INS WASSER

Wenn schon nass, dann freiwillig. Im Spa *Järvisydän* in einer Felsenhöhle am Ufer des Saimaa-Sees springst du entweder erholt ins Wasser oder schaust gemütlich durchs Fenster zu, wie die Regentropfen draußen in den See fallen.

➤ S. 99, Seenfinnland

DESIGN SHOPPEN

Die *Esplanadi* in Helsinki sind ideal, um beim Bummeln den Regen zu vergessen oder dich mit Nokia-Gummistiefeln und Marimekko-Regenschirm zu versorgen. Bei Dauerregen kann es bei den vielen Cafés und Designikonen für das Urlaubsbudget und die schlanke Linie allerdings gefährlich werden.

➤ S. 50, Helsinki & Südküste

BEST OF

LOW-BUDGET

FÜR DEN KLEINEN GELDBEUTEL

FELSENKIRCHE FÜR LAU

Immer mittwochs ist der Eintritt in die berühmteste Kirche Finnlands, die *Felsenkirche*, ab 16 Uhr kostenlos. Im Kirchencafé bekommst du die Tickets zu jeder Zeit billiger, auch die Warteschlangen sind dort meist kürzer als in der Kirche. (Foto)

➤ S. 47, Helsinki & Südküste

FÜTTERUNGSZEITEN

Hungrige mit Geldengpass sollten am besten mittags essen gehen. Die meisten Restaurants bieten ein großzügiges Mittagsbüffet, *lounas* genannt, inklusive Salat, Suppe, einer Auswahl an warmen Gerichten und oft auch Nachtisch. Zudem sind Leitungswasser und finnischer Kaffee dabei inbegriffen.

➤ S. 28, Essen & Trinken

DESIGNSCHNÄPPCHEN

Wirkliche gute Schnäppchen kannst du in den Second-Hand-Läden der Hauptstadt finden. Während der Sonderverkaufstage bei *Uff* ist ein Komplett-Update des Kleiderschranks problemlos möglich.

➤ S. 50, Helsinki & Südküste

ZUSAMMEN SCHWITZEN

Keinen teuren Wellnesstempel, sondern authentisches Saunaerlebnis zu vernünftigen Preisen in der Hauptstadt bietet die Gemeinschaftssauna *Lapinlahden Lähde.* Gratis dazu gibt es noch den Meerblick und, falls du Hunger bekommst, ein günstiges Mittagessen im angeschlossenen Restaurant.

➤ S. 52, Helsinki & Südküste

PREISVERGLEICHE

Tanken in Finnland ist teuer: Mit den Apps *fuelfellow.com* und *polttoaine.net* lassen sich teure Tankstellen gelegentlich vermeiden und die billigsten finden.

➤ S. 134, Gut zu wissen

BEST OF MIT KINDERN

SPANNENDES FÜR GROSS & KLEIN

BONKMASCHINEN BAUEN

Kinder basteln im *Bonk Museum,* der verrückten Werkstatt des fiktiven Bonk-Imperiums, eigene „funktionsunfähige" Erfindungen. Erwachsene müssen dabei eine gehörige Portion finnischer Skurrilität verdauen.

➤ S. 74, Westfinnland

IN DIE STEINZEIT REISEN

Echt jetzt, im *Steinzeitdorf Kierikki* lässt sich Geschichte erleben: Steine schleifen, im Einbaum paddeln oder Mammutzähne bewundern.

➤ S. 81, Westfinnland

KARUSSELL FAHREN

Im Vergnügungspark *Linnanmäki* kauft man am besten ein Armband, und die Kinder sind den ganzen Tag beschäftigt. Der Zugang erfolgt mit Messlatte. Wer für sein Alter groß ist, hat Glück – oder Pech, wenn's einem in der Achterbahn schlecht wird.

➤ S. 51, Helsinki & Südküste

ARKTIKZOO

Mit den wilden Tieren des Nordens bist du im *Ranua-Zoo* auf Augenhöhe. In ihrer natürlichen Umgebung sind Bär, Fischotter oder Nerz aber nicht immer leicht zu entdecken.

➤ S. 117, Lappland

WELLENREITEN FÜR ANFÄNGER

Eine Rafting-Tour vom *Basecamp Oulanka* bringt Spaß und Naturabenteuer für die ganze Familie.

➤ S. 111, Ostfinnland

ALLES MUMIN

Im einzigen *Muminmuseum* der Welt gibt es neben den Originalzeichnungen von Tove Jansson im Leseraum ihre Bücher in über 30 Sprachen. Im Studio können Kinder selbst kreativ werden, man kann Muminfilme anschauen, und das Café backt die berühmten Pfannkuchen der Mumin-Mama.

➤ S. 86, Seenfinnland

BEST OF

TYPISCH

DAS ERLEBST DU NUR HIER

SOMMERNACHTSTRAUM
Mittsommer ist eine magische Zeit in Finnland. Die Finnen zieht es aufs Land und in die Natur. Die Insel *Seurasaari* mit Freilichtmuseum in Helsinki feiert die alten Traditionen des Mittsommerfests, und alle sind eingeladen, mitzumachen und die Johannisfeuer zu bewundern.
➤ S. 48, Helsinki & Südküste

COVERVERSIONEN
Die Begeisterung für Karaoke haben die Finnen mit den Japanern gemeinsam. Es gibt Hunderte Bars und in Helsinki gleich Dutzende. Das Ambiente reicht von düster bis nobel. *Wallis Karaoke Bar* ist beliebt und außerdem schön gelegen.
➤ S. 53, Helsinki & Südküste

NATURBESCHALLUNG
Gemeinschaftssaunen haben einen lange Tradition, auch wenn heute viele Wohnungen eine eigene Sauna haben. Gemeinsam werden hier nicht nur Körper und Geist gereinigt, sondern auch Neuigkeiten ausgetauscht. Eine lange Tradition hat die *Rauhaniemi-Sauna* in Tampere direkt am See.
➤ S. 89, Seenfinnland

RHYTHMUSGEFÜHL
Der finnische Tango hat seine eigenen Regeln – für Argentinier kommt er viel zu langsam daher. Beim *Tangofestival Seinäjoki* kannst du einmal im Jahr erleben und erlernen, worum es beim finnischen Tango geht. (Foto)
➤ S. 135, Feste & Events

MEISTERBÄCKER
Karelische *piirakka,* gehaltvolle Roggenteigpasteten, sind ein Grundpfeiler im finnischen Speiseplan, beliebt für zwischendurch und ideal als Reiseproviant. Beim Backkurs im *B & B Männikkölän Pirtti* lernst du, wie man sie macht.
➤ S. 106, Ostfinnland

SO TICKT FINNLAND

Schau mal, es wird nicht dunkel: Mittsommer auf der Insel Seurasaari

ENTDECKE FINNLAND

Goodbye Alltag: Das geht auch auf Helsinkis Festungsinseln Suomenlinna

„Platsch", macht es leise auf dem See. Der Eistaucher ist verschwunden. Irgendwo im Wald hämmert ein Schwarzspecht. Sonst ist da nur die Stille, das Häuschen am See, ein Bootssteg und der Wind. Wild und weit, kompromisslos modern, unbeugsam traditionell und eigenwillig exotisch ist dieses Land, wo sich Bär und Elch „per Handy gute Nacht sagen".

NATURÜBERSCHUSS

Das „Land der tausend Seen" wird Finnland oft genannt, was eine starke Untertreibung ist. Wer hierherkommt, kann sich auf 187 888 Seen und schier endlose Wälder freuen. Hinzu kommen 72 500 km Flüsse und 1200 km Ostseeküste mit über 70 000 Inselchen. Wie Farbtupfer in einem Flickenteppich aus Blau und Grün wirken die typisch finnischen Blockhütten mit Sauna und Bullerbü-

1155 Finnland wird schwedisch und christianisiert

1550 König Gustav Vasa gründet Helsingfors, das heutige Helsinki

1809 Finnland wird autonomes russisches Großfürstentum

1835 Elias Lönnrot veröffentlicht das Nationalepos Kalevala

1863 Finnisch wird neben Schwedisch Amtssprache

1906 Als erstes Land in Europa führt Finnland das Frauenwahlrecht ein

Charme, auf Finnisch *mökkis* genannt. Hier gibt es keine Hektik, keinen Stress, keinen Lärm, außer du machst ihn dir selber. Zwei Wochen am See sind Urlaub für die Seele. Weite Teile Finnlands sind sehr dünn besiedelt, und in Lappland – immerhin ein Drittel des Landes – sind die Rentiere in der Überzahl. Du kannst dich darauf freuen, in einem sauberen See zu schwimmen und frische, klare Luft zu atmen. Auf stundenlange Wanderungen und Paddeltouren durch weite Landschaften, die noch Bären und Adler, Wölfe, Fischottern und viele andernorts seltene Tiere und Pflanzen beheimaten. Wenn du Menschenansammlungen suchst, halt dich lieber an die Städte und Festivals.

HELLE SOMMERNÄCHTE

Der nordische Sommer ist kurz und das Leben explodiert. An Mittsommer – um den 21. Juni – feiern alle die hellen „weißen" Nächte unter der Mitternachtssonne. Die Winterstarre der Finnen löst sich mit feuchtfröhlichen Partys, zahllosen Open-Air-Festivals, Tangotanzen unter freiem Himmel oder eigenwilligen Wettkämpfen wie Sumpffußball und Handyweitwurf. Rockfestivals erschüttern die Ruhe, und in Savonlinna finden weltberühmte Opernfestspiele statt. Große Kunst kommt bis zur letzten Birke, und manchmal stehen Kunstwerke überraschend mitten in der Wildnis. Die wichtigste Zutat zu einem perfekten Sommer bleibt aber das *mökki*. Viele Finnen haben eine Hütte – oder Freunde, die eine verleihen. Während die Städte im Sommer den Touristen vorbehalten bleiben – und so manches Lokal im Juli geschlossen ist –, zieht es die Finnen in die Natur.

1917/18 Erklärung der Unabhängigkeit von Russland

1919 Bürgerkrieg und Gründung der Republik Finnland

1995 Finnland tritt der EU bei

1999 Einführung des Euro

2019 Sanna Marin wird jüngste weibliche Regierungschefin der Welt

2020/21 Finnland verhängt wegen der Coronapandemie mehrfach einen Lockdown und kommt vergleichsweise gut durch die Krise

Eine Sauna gehört zum mökki so selbstverständlich dazu wie die Eingangstür. Eine Einladung in die Sauna kannst du als finnischen Sympathiebeweis interpretieren und, mit einer Kiste Bier im Schlepptau, getrost annehmen.

DUNKLE WINTER MIT LICHTSHOW

Die Dunkelheit kommt immer, gefühlt viel zu früh, und der Norden versinkt unter einer glitzernden Schneedecke. Die Seen gefrieren, am Nachthimmel tanzen Nordlichter. Jetzt werden Langlaufskier und Schneeschuhe ausgepackt, Touristen buchen Huskysafaris, Rentierschlitten und Schneemobile, die inzwischen auch als flüsternde Elektroversion verfügbar sind. Ein anschließender Saunagang ist Pflicht, und Hartgesottene hüpfen zur Abkühlung in ein Eisloch. Finnen begegnen den Naturgewalten mit landestypischer Hartnäckigkeit: Flughäfen funktionieren auch bei Extremfrost, Schneemassen werden routiniert beseitigt.

KAUDERWELSCH

Bereite dich darauf vor, erst mal gar nichts zu verstehen. Finnisch ist eine Exotensprache der kleinen finno-ugrischen Sprachfamilie. Du kannst gern einige Worte dieses seltsamen Vokabulars erlernen – aber die Finnen antworten auch gekonnt auf Deutsch oder Englisch. Die zweite Landessprache ist Schwedisch, denn rund 700 Jahre gehörten die Finnen zum Königreich Schweden. Obwohl Finnland von 1809 bis 1917 als Großfürstentum zum Zarenreich gehörte und im Osten mit 1343 km die längste Grenze mit Russland in Europa verläuft, sprechen meist nur eingewanderte Russen diese Sprache.

HIGH-TECH-NATURVOLK

Finnland ist ein Land der Kontraste und zu hundert Prozent technophil. Moderne Technik, Atomenergie eingeschlossen, und alles, was digital und virtuell möglich ist, wird genutzt. Ohne ein Mobilgerät mit leistungsstarker SIM-Karte bist du Hinterwäldler in diesem Land, wo selbst das *mökki* zum Smart Home mutiert und die Heizung anschmeißt, bevor die Besitzer eintreffen. In den Städten begegnen dir oft phantasielose Betonblöcke mit Sowjetcharme, andererseits verfügt das Land vermutlich über die meisten Wohnungen und Hotelzimmer mit Seeblick in Europa. Es gibt sehr malerische Winkel wie die Holzhausviertel der Westküste und abgelegene Landstriche, in denen die wehmütige Tristesse der Aki-Kaurismäki-Filme weht. Als Kulturliebhaber findest du in Helsinki und in Südfinnland zwischen Gutshäusern, Designläden, Kunstgalerien und Yachthäfen eher dein Biotop als im herben, rauen Norden. Obwohl auch dort Überraschungen warten. Spannend und auf eine ganz eigene Art anders ist Suomi im ganzen Land. Nirgendwo sonst ist das Licht im Sommer so hell und sind die Seen am Abend so still wie hier. Die Chance zum Durchatmen und Energietanken bietet das Land immer und überall. Herzlich willkommen in Finnland: Tervetuloa Suomeen!

AUF EINEN BLICK

5.538.000
Einwohner

Dänemark: 5.823.000

4370 km²
Fläche hat der Saimaa-See, Finnlands größter See

Bodensee: 536 km²

338.000 km²
Gesamtfläche

Deutschland: 357.000 km²

BÄUME PRO EINWOHNER

4461

Deutschland: 107

KÄLTESTE TEMPERATUR

-51,5°C

Deutschland: –37,8° C

BRAUNBÄREN

1500

Rumänien: 6000

12 KG ROHKAFFEE PRO KOPF

konsumieren die Finnen durchschnittlich pro Jahr und sind damit Weltmeister im Kaffeetrinken (Deutschland: Platz 8)

HELSINKI

Größte Stadt mit 655.200 Einwohnern

BERÜHMTESTE PERSONEN
Rennfahrer Kimi Räikkönen
Komponist Jean Sibelius

BERÜHMTESTES WORT
Sauna (international gebräuchlich)

FINNLAND VERSTEHEN

HOLZ FÜR DIE HÜTTE

Bis zu acht Monate herrscht Winter. Eine warme „Hütte" zu haben ist in Finnland nicht nur gefühlt lebenswichtig. Das traditionelle finnische Haus ist ein Holzhaus – bei so viel Wald nun wirklich keine Überraschung. Steinbauten waren bis ins 19. Jh. Kirchen, Festungen, Fabriken und der Oberschicht vorbehalten. Der erste finnische Steinbaustil war der Jugendstil, wuchtiger Ausdruck des Nationalstolzes – und nur diese Häuser tragen den Titel *arvotalo* (Werthaus). Dann kam die Moderne. Architekten wie Alvar Aalto (1898–1976), das Ehepaar Pietilä oder Eero Saarinen ernteten für ihre öffentlichen Gebäude international Anerkennung, während im Hinterland viele idyllische Holzstädte der Massenware Betonkiste weichen mussten. Heute bringen junge Architekten den Baustoff Holz modern in die Städte zurück: als lichtdurchflutete, öffentliche Gebäude mit Wow-Effekt. In der Inneneinrichtung spielt Holz weiterhin eine zentrale Rolle, vom Parkett über Möbelklassiker von Artek bis zum wasserdichten Waschbecken aus Holzspänen.

WEIBERWIRTSCHAFT

Es muss an der Sprache liegen. Das Finnische kennt kein Geschlecht. Mann, Frau, Kind und Kegel sind alle *hän,* das erleichtert die Gleichstellung. Selbstverständlich ist es trotzdem nicht, dass die 1985 geborene Sanna Marin aktuell als Ministerpräsidentin eine Koalitionsregierung mit vier weiteren Parteichefinnen führt, aber eben auch nicht überraschend. Immerhin war mit Tarja Halonen schon eine Frau finnische Ministerpräsidentin – stolze zwölf Jahre lang. Finnlands starke Frauen erkämpften viele der Sozialleistungen, die den Spagat zwischen Beruf und Familie unterstützen und für die Finnland heute gerühmt wird. Als Erste weltweit erstritten sie die volle politische Beteiligung, 1907 saßen im Parlament bereits 19 weibliche Abgeordnete. Heute stellen sie 41 Prozent. Auch im Zweiten Weltkrieg bewiesen Frauen Kampfgeist. In der paramilitärischen Organisation Lotta Svärd unterstützten über 200 000 Frauen die Armee im Kampf gegen Russland, die Schweden betreuten solange die Kinder. Und natürlich netzwerken auch weibliche Führungskräfte … in der Sauna.

RÜCKZUGSORT

Du willst Finnland wirklich kennenlernen? Dann ist ein Besuch in einem der rund 500 000 Sommerhäuschen am See mit dem finnischen Anti-Stress-Programm unvermeidbar: Holz hacken, Beeren sammeln, rudern, grillen, angeln und – natürlich – ab in die Sauna, anschließend in den See springen und (ein) kaltes Bier oder einen Kaffee mit Zimtschnecke *korvapuusti* alias „Ohrfeige" zum Abschluss. Das *mökki* ist aber auch Zufluchtsort. In der Zarenzeit floh man vor dem Einzugsbefehl zur russischen Armee dort-

Wenn du Finnland pur erleben willst, klopf in einem *mökki* an

hin, die Prohibition wurde hier mit Selbstgebrautem umgangen, und wenn die Ehe zerbrechen sollte, leckt man(n) sich hier die Wunden. Coronavirus? Kein Problem, zumal das Virus Saunahitze nicht verträgt. Manche der Holzhüttchen wirken recht bescheiden, eine Sauna und einen Kühlschrank für kühles Bier gibt es jedoch immer.

FREIWILD

Ursus arctos, der Braunbär, ist das Nationaltier Finnlands – es gibt etwa 1500 der großen Raubtiere in den Wäldern im Nordosten Finnlands. Die Wahrscheinlichkeit, ihnen zu begegnen, ist jedoch gering. Bären sind menschenscheu. Organisierte Fotosafaris sind daher beliebt. Solltest du beim Blaubeerpflücken doch auf Meister Petz treffen: Ruhe bewahren und langsam den Rückzug antreten. Bären lieben Blaubeeren: Lass deine Ernte am besten stehen.

Die Wahrscheinlichkeit, einem der rund 80000 Elche zu begegnen, ist dagegen hoch. Autofahrer sollten die gelb-roten Warnschilder mit dem Elchsymbol ernst nehmen. Rund 2000 Unfälle passieren jährlich – mit meist tödlichem Ausgang für den Elch und Totalschaden für das Auto, denn die massigen Tiere sind mit einer Schulterhöhe bis 2,30 m und einem Gewicht von 800 kg ernsthafte Gegner. Auf eines der 200000 Rentiere triffst du in Lappland mit Sicherheit. Sie sind dort zahlreicher als Menschen und bewegen sich frei in der Natur, so wie auch das häufigste Tier Finnlands: die gemeine Mücke.

Im Designmuseum Helsinki wird dir schwindelig? Liegt nicht an dir!

KULTFIGUREN

Andere Helden greifen zum Schwert, der finnische Nationalheld Väinämöinen fängt an zu singen und versenkt seinen Gegner – nachzulesen im ⚑ Nationalepos Kalevala, einer Sammlung alter Sagen und Mythen, die über Jahrhunderte im Volk durch Gesang überliefert wurden. Ansonsten überwiegen im Epos eher tragische Helden, die zeigen, wie es nicht geht. Immerhin, der Zauberschmied Ilmarinen baut den berühmten „Sampo", ein Gerät, das ewigen Wohlstand schenkt. Gibt natürlich Streit, und das Wunderding versinkt im Inari-See, wo es zerbricht. Glück in der Liebe hat keiner so richtig. Aber Alltagsdinge beherrschen sie, wie Bier brauen und unsinkbare Boote zimmern. Heute baut Finnland Eisbrecher und Kreuzfahrtschiffe, Zufall? Elias Lönnrot (1802–84) schrieb die uralten Runengesänge auf, und seine Erstausgabe (1835) wurde zur Keimzelle der finnischen Nation. Die leicht verdauliche Comicversion von Mauri Kunnas gibt es mehrsprachig in jedem Buchladen.

ALLTAGSDESIGN

Anfang der 1950er-Jahre war die Stimmung im Land auf dem Nullpunkt. Es entstand die Idee, Alltagsgegenstände als glücklich machende Design-Massenware zu produzieren. Günstig, haltbar, materialsparend und praktisch, so lautete die Vorgabe. Die Designer machten ihre Sache so gut, dass ihre Entwürfe noch heute zur Grundausstattung des finnischen Alltags gehören. Günstig ist heute zwar nichts mehr, aber ⚑ Designs wie die Mohnblüte Unikko von Marimekko, die Kartio-Gläser von Iittala oder der dreibeinige Aalto-Hocker sind nicht totzukriegen. Die Halskette Planetoid Valleys von Björn Weckström (Lapponia) erlangte mit ihrem Auftritt im „Star Wars"-Film 1977 sogar Kultstatus, ebenso sein Ring Petrified Lake am Finger von Yoko Ono. Heute bildet das Land mehr Designer aus, als es ernähren kann. Viele arbeiten deshalb im Ausland. Zum Glück haben sie fast alle einen Onlineshop: *finnishdesigners.fi.*

KLANGMAGIE

Die magische Stimme des Kalevala-Helden Väinämöinen lebt weiter, in

den zahlreichen Sängern finnischer Metal-, Rock- und Folkgruppen (z. B. Him, Nightwish, Children of Bodom, Sunrise Avenue, Värttinä), die Finnland hervorgebracht hat. Die von dem Rauschebart erfundene Kantele, das finnische Nationalinstrument, verleiht mit ihrem sphärischen Klang finnischer Folkmusik eine besondere Faszination. Die Leningrad Cowboys, eine Kaurismäki-Erfindung, und Lordi wurden mehr durch schräges Outfit berühmt, der schreiende Männerchor Huutajat lässt gleich ganz die Musik weg. Eläkelaiset spielen absurde Humppamusik, der legendäre M. A. Numminen spielt alles, und Dr. Ammondt erhielt vom Papst eine Medaille für seine auf Latein gesungenen Elvis-Presley-Hits. Die Begeisterung der Finnen für Tango, auch wenn typisch finnisch, d. h. schwermütig, hat einen einfachen Grund: Der Tanz erleichtert wortarme Liebeserklärungen. .
Erstmals international auf die Landkarte klassischer Musik hat der Komponist Jean Sibelius (1865–1957) das Land gesetzt. Er verstand, die finnische Seele in klassischer Musik zu verewigen und den Widerstand der Finnen gegen Russifizierung musikalisch zu untermauern. Seine Komposition Finlandia hat zur Entstehung der Nation Finnland maßgeblich beigetragen und krönt auch das dramatische Ende im Actionfilm „Stirb langsam 2". Warum? Der Regisseur Renny Harlin alias Lauri Harjola ist Finne.

TRAUMTÄNZER

Der finnische Traum ist ehrgeizig: Man will das am besten funktionie-

KLISCHEE KISTE

SCHWERMÜTIG

Was ist bloß aus den Kaurismäki-Finnen geworden? Auch 2020 war Finnland laut World Happiness Report der Vereinten Nationen wieder die glücklichste Nation der Welt! Stimmt schon, das Gemeinwesen funktioniert prima (von Winterdunkelheit und Mückenplage mal abgesehen). Aber vielen Finnen sieht man das Glücklichsein nicht unbedingt an. Obwohl sie laut Umfrage mit Gummistiefeln in den Wald gehen, morgens kalt duschen, Bücher lesen, Zimtschnecken backen sowie essen und im Internet Kunstwerke betrachten. Wenn alles nichts hilft: in die Sauna.

SILBENSPARER

Als Gott den Finnen die Sprache schenkte, gab er den Frauen 6000 Wörter pro Tag und den Männern 1000. Schweigsame Finnen sind also meist männlichen Geschlechts und müssen mit wenigen Worten die Sache auf den Punkt bringen. In Gegenwart eines Handys durchbrechen auch sie gelegentlich die gottgegebene Obergrenze. Langsamer als der normale Mitteleuropäer sprechen sie immer, auch längere Pausen (zum „Sortieren" der komplizierten Grammatik) sind normal. Darum lautet die häufigste Frage bei Telefongesprächen mit Finnen auch weiterhin: Bist du noch dran?

rende demokratische Land der Welt werden. Das Amt für Statistik führt auf seiner Website eine lange Liste der Ländervergleiche, in denen Finnland es in die Top Ten geschafft hat. Dabei setzt der Staat auf den Nachwuchs. Jedes Neugeborene wird mit einer Babybox begrüßt, die Kleidung, Spielzeug und Pflegeprodukte beinhaltet. In der Grundschule ist eine warme Mahlzeit täglich kostenlos, später erlässt der Staat den Studenten nicht nur die Studiengebühren, sondern zahlt auch Wohngeld sowie ein Studiengeld, sofern das Einkommen der Eltern einen bestimmten Betrag nicht überschreitet.

Denn die exportorientierte, hochtechnisierte Wirtschaft braucht top ausgebildete Arbeitskräfte, die Fremdsprachen beherrschen und innovativ denken. Früh geht's los mit dem Sprachunterricht, Fehler werden als Lernerfahrung verbucht, digital ist gut, und „verrückte Ideen" sind willkommen. Jedes Talent zählt, darum erhalten langsamere Kinder so lange Unterstützung, bis sie es schaffen. Sitzenbleiben? Kommt so gut wie nie vor. Die Aufnahmetests an den 15 Universitäten sind dagegen hart, denn der Staat optimiert seine Bildungsinvestitionen. Die Bereitschaft zu lebenslangem Lernen wird von allen erwartet. Über 50 Prozent aller Berufstätigen studieren neben ihrer Arbeit, und Onlinekurse gehörten schon vor Covid-19 zum Standard.

GEHEIMCODE

Mit nur 0,0006 Prozent der Weltbevölkerung sind die Finnen eine Minderheit. Ihre Sprache gilt als eine der schwierigsten der Welt. Insbesondere die Grammatik hat es in sich. Die Endungen der 16 sogenannten Beugefälle sind schuld, dass Hauptwörter immer länger werden und Worte mit Doppel-T plötzlich ein T verlieren, ein P sich in ein V verwandelt oder ein K einfach ganz wegfällt. Und es gibt Sätze mit zehn Genitiven hintereinander. Wem das alles zu kompliziert ist, der kommt mit Englisch und Schwedisch gut zurecht. Schwedisch ist die zweite offizielle Amtssprache und Pflichtfach in der Schule. Es wird vor allem an der Westküste und in der Inselprovinz Åland gesprochen, wo die meisten der 290 000 Finnlandschweden leben.

SCHWITZEN STATT STREITEN

In der finnischen Sauna gibt es keinen Aufguss-Beauftragten, das kann nach freundlicher Rücksprache jeder machen. An Mittsommer schlägt man sich gegenseitig sanft (!) mit Büscheln aus Birkenzweigen *(vihta)*. Es riecht gut und fördert die Durchblutung. Männer und Frauen saunieren meist getrennt. Wenn nicht, ist Badekleidung angesagt, außer man saunt im engsten Familienkreis.

Schwitzkästen gibt es überall: im Wohnwagen, im Weinfass, im Feuerwehrauto, sogar in einer Skigondel. In der altehrwürdigen Rauchsauna *(savusauna)* führt Anlehnen zu schwarzen Rußstreifen am Rücken, und sollte der Aufguss nach Teer riechen, dann befindet sich *löylyterva* (Saunateer) im Aufgusswasser, neben Wodka und Schröpfen das dritte Allheilmittel im alten Finnland. Nur eine wichtige Saunaregel gibt es: Den Saunawichtel *(sauna-tonttu)* darf man niemals verärgern. In der Sauna gilt: Streiten verboten!

FUCHSFEUER

Ein Drittel Finnlands liegt nördlich des Polarkreises, nennt sich Lappland und ist Heimat der Sámi, des indogenen Volks des Nordens. Ihr Siedlungsgebiet reicht von Norwegen bis zur Kola-Halbinsel. Lange diskriminiert, wählen die ca. 9000 Samen Finnlands heute ein eigenes Parlament *(sámediggi)*, und ihre Sprache wird in der Schule gelehrt. Sie leben von Rentierzucht, Fischfang und vom Tourismus, pflegen ihre Kultur, und zu besonderen Anlässen tragen sie ihre Trachten. Wenn im Winter die eiskalte Polarnacht *Kaamos* herrscht, eine bläuliche Dunkelheit, die bis zu 50 Tage dauert, wandern Nordlichter über den Himmel. Die Sámi nennen sie *revontuli*, Fuchsfeuer. Einer Sage zufolge malt ein Fuchs die Farben mit seinem buschigen Schwanz an den Himmel.

Neugierig geworden? In verglasten Iglus kannst du das Nordlicht, das meist zwei Stunden vor und nach Mitternacht auftritt, bequem vom Bett aus beobachten.

Farbwunder in eiskalten Nächten: Nordlichter im Pallas-Yllästunturi-Nationalpark

CORONA

Finnland gehört zu den Ländern, die im internationalen Vergleich relativ gut durch die Pandemie kamen. Warum? Bei steigenden Inzidenzen wurde sehr schnell mit einem Lockdown reagiert, eine früh installierte Corona-App half, die Ausbreitung des Virus unter Kontrolle zu bringen. Auch nicht zu unterschätzen: Die Finnen gehen gern auf Distanz zu ihren Mitmenschen – und sie sind es gewohnt, Arbeit, Studium und Dienstleistungen weitgehend online zu erledigen.

ESSEN SHOPPEN SPORT

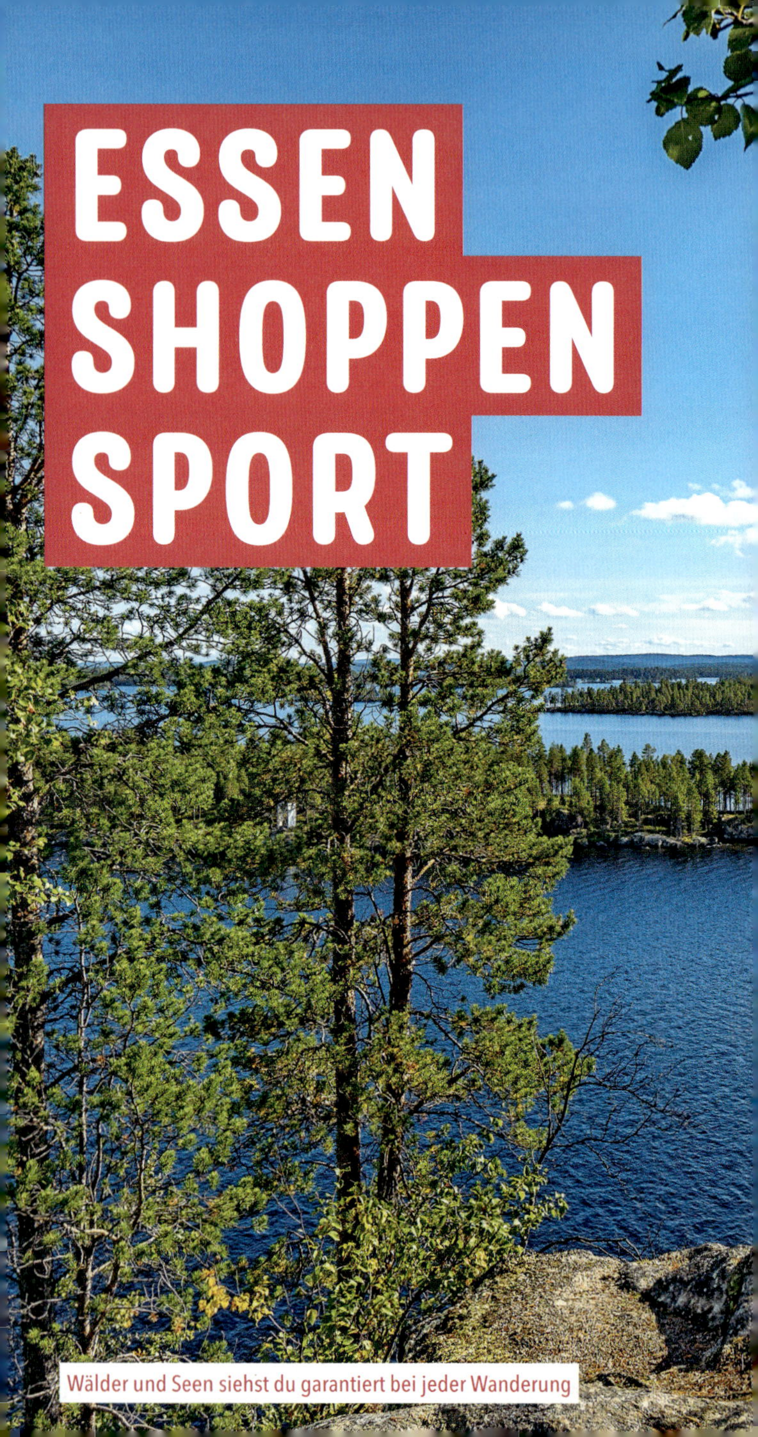

Wälder und Seen siehst du garantiert bei jeder Wanderung

ESSEN & TRINKEN

Finnland gilt als kulinarischer Geheimtipp für Gourmets. Die traditionellen Zutaten heißen mittlerweile Superfood, denn es hat sich herumgesprochen, dass in dem dünn besiedelten Land vieles auch ohne Siegel Bioqualität aufweist.

STOLZE KÖCHE

Wild und Fisch stammen natürlicherweise aus artgerechter Haltung. Die Liste begnadeter Köche ist lang, und überall in Finnland kannst du lohnenswerte kulinarische Abenteuer erleben. Geschäftstüchtig sind die Finnen allerdings auch, und ein Budget-Sonderposten könnte notwendig werden. Den privaten Küchenalltag bestimmen weiterhin Eintöpfe, Suppen, Aufläufe, Braten, Pasteten und Fertiggerichte, die schnell zuzubereiten sind und wenig Arbeit machen. Die internationale Küche gehört mit Pizza, Asiagerichten und Sushi zum Standard der Gastroszene. Die meisten Restaurants bieten ein *lounas,* ein reichhaltiges und günstiges Mittagsbüfett. Neben diversen warmen Gerichten gehören dazu auch Suppe und Salat, Kaffee/Tee sowie Leitungswasser. Auch Burger, Street- und Fastfood sind extrem beliebt. Hesburger, die landeseigene Fast-Food-Kette, stemmt sich patriotisch gegen McDonald's & Co. Bratwurst, Roggensandwiches oder karelische Piroggen *(karjalapiirakka)* sind klassische Snacks für zwischendurch.

PATRIOTISCHE FLEXITARIER

Weniger Fleisch essen? Klingt gut. Aber Soja? Wächst in Finnland nicht. Also heimische Proteinquellen anzapfen: Hafer wurde als *nyhtökaura* wiedergeboren und bietet, was Tofu nicht hat: den „Schnitzeleffekt", also außen knusprig, innen was zum Kauen. Die noch ältere dicke Bohne macht als *här-*

Leckereien aus dem hohen Norden: Fischsuppe *kalakeitto* und Moltebeeren

kis vegetarische Burgerfans glücklich. Dann gibt es noch *nyhtöherne,* die Erbse als Eiweißbombe. Probieren kannst du alles in Szenebistros oder Gastrokiosken nach dem Motto: Slow-Food, aber schnell bitte! Oder im Supermarkt kaufen und selber braten.

FRISCHE FISCHE

Wer Fisch mag, ist in Finnland im Paradies – bei über 180 000 Seen und Ostsee vor der Haustür gibt es viele gute Speisefische. Eine verbreitete, typisch nordische Fischspezialität ist *muikku,* das sind kleine Maränen aus dem Seengebiet, die im Ganzen gebraten werden. Lachs ist der beliebteste Fisch, und im Laden gibt es gleich halbe oder ganze Exemplare, auch Wildlachs zu sündhaft teuren Preisen. Für roh gebeiztes Fischfilet verwenden Finnen neben Graved Lachs oder Regenbogenforelle auch die Renke *siika.* Ein kulinarischer Höhepunkt ist der Beginn der Flusskrebssaison am 21. Juli, wegen der abnehmenden Krebsbestände ein teures Vergnügen. Die heimische Plötze macht als Konserve dem Thunfisch Konkurrenz. Siehst du ein Schild mit der Aufschrift „tuore savukala", was „frisch geräuchert" bedeutet: sofort anhalten!

BEERENMILLIONÄRE

Im Rekordjahr 2015 wurden rund 64 Mio. Kilo Beeren in den Wäldern geerntet. 700 Beerenhöfe sorgen zudem dafür, dass sich nach Mittsommer die Marktstände mit delikaten Erdbeeren, Blaubeeren und Himbeeren füllen. Eine rare Spezialität ist die gelbe Moltebeere *lakka* aus den Mooren Lapplands. Auf dem finnischen Zwei-Euro-Stück ist das Wahrzeichen Lapplands abgebildet. Sie wird zu heißem Labkäse als Nachtisch serviert und zum Likör verfeinert. Auf der Website *hmlry.fi/suoramyynti* sind die

Beerenparadiese zum Selberpflücken *(itsepoiminta)* eingezeichnet.

SÜSSSCHNÄBEL

Was du in Hülle und Fülle kaufen kannst, sind Süßigkeiten. Schokolade (am liebsten von Fazer) macht die Nordländer während der langen Winter glücklich. Gleiches gilt für Speiseeis. Finnen lieben exotische Geschmacksrichtungen wie Teer, Lakritzlikör oder ‚Fichte. Veganes Eis gibt es fast überall.

INSIDER-TIPP **Baumpflege**

Kaubonbons mit dem aus Birkensaft gewonnenen Wirkstoff Xylitol schmecken süß und schützen die Zähne vor Karies. Beliebt sind Beerenkuchen und *pulla,* ein Hefegebäck mit Kardamom. Noch im hintersten Winkel eines Nationalparks begegnen dir *munkki*: süße Hefeteilchen, die an Berliner erinnern.

Am liebsten outdoor den Kaffee genießen: Cafe Kappeli in Helsinki

MUNTERMACHER

Kahvi, das finnische Nationalgetränk, wird in rauen Mengen und dank vieler kleiner Kaffeeröstereien auch in großer Vielfalt zu jeder Tageszeit konsumiert. Wer keinen Kaffee trinkt, gilt als Sonderling. Alkohol ist vor allem in Restaurants recht teuer. Lokale mit A-Lizenz schenken alle alkoholischen Getränke aus, eine B-Lizenz beinhaltet Wein und Bier, die C-Lizenz nur Leichtbier. Hochprozentige Getränke und Wein findet man nur in den Filialen des Alko-Konzerns *(alko.fi)*. Mikrobrauereien produzieren zum Teil sehr gehaltvolle Biersorten. Traditionsgetränke sind Sahti-Bier mit Wacholder und Sima-Honigwein.

INSIDER-TIPP **Flüssiges Gold**

Lonkero, ein Longdrink aus Gin und Grapefruitlimonade, wurde 1952 für die Olympischen Spiele in Helsinki erfunden und ist bis heute populär. Napue Gin aus Isokyrö wurde 2015 als bester Gin der Welt ausgezeichnet, und jetzt reift Roggenwhisky in kleinen Serien heran. Finlandia- und Koskenkorva-Wodka sind stabile Größen im Sortiment.

BESONDERS BELIEBT

Am Wochenende ist Brunch in Helsinki so angesagt, dass eine Reservierung sinnvoll ist. Wer die Landesküche und -kultur in einer persönlichen Form erleben möchte, kann bei *cosy inland.com* ein Essen bei finnischen Gastgebern zu Hause buchen.

Unsere Empfehlung heute

Frühstück

PUURO
Warme Hafergrütze mit Beeren und Marmelade

Snacks

KARJALANPIIRAKKA
Roggenteigpasteten, gefüllt mit salzigem Milchreis und Kartoffeln

PINAATTIOHUKAISET
Kleine Spinatpfannkuchen

Vorspeisen

LOHIKEITTO
Lachssuppe mit Sahne, Kartoffeln und Dill

KESÄKEITTO
Sommersuppe mit frischem Gemüse und Kräutern auf Milchbasis

MUIKKU
Kleine gebratene Maräne mit Knoblauchsauce

Fischgerichte

GRAAVI LOHI
Gebeizter Lachs mit Dill

KALAKUKKO
Mit Fischfilets, Speck und Zwiebeln gefüllte Roggenbrotpastete

LIEKKI LOHI
Flammlachs: am Feuer gegrillte Lachshälften

Fleischgerichte

KARJALANPAISTI
Karelisches Schmorfleisch mit Rind, Hammel, Schwein und Gemüse

PORONKÄRISTY
Rentiergeschnetzeltes auf Kartoffelbrei an Preiselbeeren

LIHAPYÖRIKÄT
Fleischbällchen mit Kartoffelbrei und Gemüse

Desserts

JÄÄMARJAT
Gefrorene Beeren mit warmer Karamellsauce

LEIPÄJUUSTO JA LAKKAHILLOA
Brotkäse und Moltebeeren-marmelade

SHOPPEN & STÖBERN

Zur handgestrickten Mütze Vintagehose, Designerbluse und Outdoor-Funktionsjacke? Passt. Finnen haben keine Angst vor Individualismus.

DAS MACHT STARK!

Typische kulinarische Mitbringsel sind Elchsalami, Rentierschinken, Räucherlachs und marinierter Fisch, Beeren als Marmelade, Wein und Likör (alle Anbieter: *viinitilat.net)* sowie Schokolade von Fazer, zudem Lakritz und Xylitol-Kaugummis. Die Zutaten der Naturkosmetik von Nick Newd könntest du auch essen. Ecocert-zertifiziert sind Henua Organics und Mia Höytö von Globe Hope.

INSIDER-TIPP
Superfood für die Haut

FRISCH VOM BAUM

Traditionelle Holzarbeiten sind polierte Schalen, Tassen aus Birkenholz und Holzbesteck, trendig *Majamoo*-Untersetzer, geflochtene Birkenbastkörbe von Verso und Lampenschirme von Secto, coole Aarnio-Holzuhren und Krakra-Holzbrillen. Die klassischen Aalto-Möbel aus geformtem Holz verkauft Artek *(artek.fi)*, viele nette Mitbringsel findest du bei TRE in Helsinki.

RESTERAMPE

Design aus Recyclingmaterial liegt im Trend. Bei Purewaste werden Stoffreste zu T-Shirts, bei Lovia und Lumi Lederreste zu Handtaschen. Costo nutzt Möbelstoffreste für Hüte, Globe Hope auch Segelstoff. Evolum verwandelt Weinflaschen in Glasdesign, und Coruya recycelt Gummi, Laminat und Beton zu Blickfängerschmuck. Peppige Bademoden fertigt Hallaxhalla aus Kunststoff, etwa aus Fischnetzen.

DAS GIBT'S NUR HIER!

Originalarbeiten der *Sámi* tragen das *Sami-duodji*-Zeichen. Typische Mit-

Mal knallig, mal klassisch: Mode von Marimekko und Gläser von Alvar Aalto

bringsel aus Lappland sind Rentierfelle, Stiefel, Gürtel und Taschen aus Leder, dazu Schmuck aus Rentiergeweih mit Silber.

GLANZ & GLITTER

Schmuck von Kalevala Koru und Lapponia ist hundertprozentig finnisch, auch der Edelstein Spektrolith, Holzschmuck von Aarikka oder Glasschmuck von Studio Lasifaasi.

OUTFITS VON KOPF BIS FUSS

Die knalligen Farben und Muster von Marimekko gibt es zum Anziehen oder als Accessoires, im Outlet in Helsinki-Herttoniemi *(Kirvesmiehenkatu 7)* oder secondhand. Schlichte Mode für sie findest du bei Ivana Helsinki, Samuji oder R/H. Echte Hingucker sind Schuhe von Minna Parikka und Wave-Birkenholzsohlen von Marita Huurinainen. Das Outfit à la Finnland komplettieren Handschuhe von Sauso, ein Hut von HopeHat und eine Wetterjacke von Makia. Zum finnischen Look für ihn gehört ein Jokapoika-Shirt von Marimekko, Sportschuhe von Karhu (Erfinder der Adidas-Streifen!), eine Hose von Frenn und eine Mütze (Pipo) von Kooma. Für die Wildnistour trägst du eine Outdoorjacke von Halti, eine Sportuhr von Suunto und einen Lederrucksack von Kasperi.

OH, WIE SCHÖN!

Porzellan von Arabia und Gläser von Iittala gehören zum Urgestein finnischer Ästhetik. Sami Rinne designt Flügelgrifftassen, Katriina Nuutinen Glasdosen (Lyyli-Box) und Harri Koskinen Eisblocklampen – Urgesteine der Zukunft. Specksteinkachelöfen von Tulikivi passen sicher nicht ins Gepäck, aber ein Würstchenhalter *(makkaraputki)* für den Saunaofen *(hukka.fi/sauna)*.

INSIDER-TIPP
Grillwurst mit Aufguss

SPORT

Die Finnen sind ein bewegtes Volk, weshalb du bis auf Alpinklettern und Tiefseetauchen in Finnland nahezu jede Sportart ausüben kannst. Platz für Aktivitäten in der Natur gibt es reichlich, und vor allem im Winter ist der Norden ein Schneeparadies.

Die Königsdisziplin heißt hier auch nicht Fußball, sondern Eishockey. Nur Rallye auf Schotterstraßen erreicht ähnliche Popularität. Einige eher seltene Sportarten sind in Finnland sehr populär, z. B. Orientierungslauf *(suunnistus)*, Gruppengymnastik *(joukkuevoimistelu)*, Hallenhockey *(sähly)*, finnisches Baseball *(pesäpallo)* – sowie Holzhacken und Schneeschaufeln.

ANGELN & EISANGELN

Das Jedermannsrecht erlaubt das Angeln mit einem Stock und Wurm als Köder ohne Angelerlaubnis. Wer moderne Angeltechnik einsetzt und zwischen 18 und 64 Jahre alt ist, muss in jedem Fall eine Gebühr *(kalastonhoitomaksu)* bezahlen, die zur Gewässerpflege eingesetzt wird. Sie kostet derzeit 15 Euro/Woche bzw. 45 Euro/Jahr. Hinzu kommt eine regionale Gewässererlaubnis *(kalastuslupa)*. Sämtliche Informationen zu Fischarten, Gewässern, Regeln, Tickets usw. findest du im offiziellen Webshop von Metsähallitus *(eraluvat.fi/en)*. Für die Åland-Inseln gelten Sonderbestimmungen. Weitere Infos, auch auf Deutsch, findest du auf *fishinginfinland.fi*. Für das Eisangeln mit einem *pilkki* benötigst du keinen Angelschein, dafür aber warme Kleidung, Eisbohrer, Hocker und viel Geduld.

(EIS-)SCHWIMMEN

Einen sauberen See zum Schwimmen findest du im Sommer überall. Auch viele saubere Flüsse und natürlich die Ostsee. Für das Eisschwimmen im

Eingelocht: Beim Eisschwimmen bekommst du garantiert Gansehautfeeling

Winter braucht es aber zuerst einmal Muskelkraft. Ein Loch ins Eis zu pickeln ist harte Arbeit. Zum Glück bieten viele Hotels und Ferienzentren das Loch im Eis zum Probieren an! Das sogenannte *avantounti* stärkt die Abwehrkräfte, hebt die Laune und steigert das Wohlbefinden (wenn man es überlebt). Im Doppelpack mit dem obligatorischen Saunabesuch schläfst du danach wie ein Baby.

GOLF

Die Saison ist zwar kurz, doch im Juni und Juli kannst du dafür auf vielen der über 150 finnischen Golfplätze rund um die Uhr spielen. Die Hälfte aller Anlagen sind 18-Loch-Plätze, die meisten stehen auch Gästen offen. Die Greenfee kostet zwischen 45 und 70 Euro pro Tag. Über 20 Plätze liegen im Umland von Helsinki, *Kytäjä Golf (kytajagolf.fi)* in Hyvinkää führt die Liste der besten Plätze an. Info: *Suomen Golfliitto (golf.fi)*. Karte aller Greens: *golfpiste.com/kenttaopas*.

WASSERSPORT

Die Möglichkeiten, dich in der Natur Finnlands auf dem Wasser zu erholen, sind endlos. Eine Übersicht der beliebtesten Paddeltouren gibt *finland.de/paddelrouten*, für die Nationalparks findet man jeweils Informationen auf der Seite *nationalparks.fi*. Geführte Touren, Rafting und Ausrüstung vermitteln Touristenbüros. Rudern ist Volkssport, ein Ruderboot gehört zu jedem *mökki*. Tradition hat das Kirchbootrudern, bei dem bis zu 16 Ruderer in Zweiergruppen nebeneinander paddeln. *Sulkava Suursoutu* bei Savonlinna ist jährlich im Juli ein großes Ruderspektakel *(suursoudut.fi)*. Rafting, Wasserski, Wakeboarding, SUP, Kitesurfen und RIB-Boote oder schwimmende Saunen: Es gibt nichts, was es nicht gibt.

RADELN

Ganz Finnland eignet sich gut zum Radfahren. Am beliebtesten sind die Åland-Inseln, das Schärengebiet vor Turku, Ostfinnland und die Hauptstadtregion. Für Mountainbikes gibt es ausgewiesene Strecken in Nationalparks und im Staatsforst im wilden Norden. Fatbikes, Mountainbikes mit besonders massiven Reifen, sind vor allem in Winter sehr beliebt.

Große Überlandstraßen sind für Radtouren weniger geeignet, hier gibt es oft keine Radwege und nur schmale Randstreifen. Radtouren planst du daher besser über kleine Nebenstraßen, sie sind sowieso landschaftlich reizvoller und ruhiger, wenn auch manchmal holpriger.

Infos zum Radfahren findest du hier: *gofinland.fi/en/bike-tours* und auf *outdooractive.com/de*. Räder können für 5 Euro in Fernzügen mitgenommen werden (Voranmeldung bei Intercity), in Regionalzügen kostenlos im Fahrradabteil. Bei Überlandbussen solltest du die Fahrradmitnahme einen Tag vorher anmelden *(Transport: 3–10 Euro)*.

PFERDESPORT

Durch seine ruhige Natur ist das finnische Pferd ebenso zuverlässig wie Island- oder Fjordpferde. Ein- bis mehrtägige Ausritte auf Finnpferden organisiert z. B. *polarlightstours.fi* in Lappland. Weitere Adressen findest du auf Finnisch beim Wanderreitverband *(vaellustallit.fi/ratsasta-jasentalleilla)* und bei den örtlichen Touristenbüros. Trabrennen sind extrem beliebt. Finnland gehört zu den fünf größten Trabrennnationen Europas. Bis zu 50 000 Zuschauer besuchen jährlich die *Kuninkuusravit*, das Königsrennen der Finnpferde *(hippos.fi)*.

SEGELN

Die meisten Segler tummeln sich vor den Åland-Inseln und rund um die großen Yachtzentren Oulu, Pietarsaari, Rauma, Turku, Hanko, Loviisa, Kotka und Helsinki. Auch im Seengebiet gibt es schöne Segelrouten und viele kleine Gasthäfen. Adressen von Charterfirmen listet *sail-in-finland.info*. Wegen der Landhebung (8 mm pro Jahr an der Westküste, 3 mm an der Südküste) und der felsigen Schärenküste sind aktuelle Seekarten unerlässlich *(karttakauppa.fi | johnnurminenmarine.com)*. Fahrten durch den Saimaa-Kanal müssen 14 Tage vorher angemeldet werden *(vayla.fi/web/en/waterways/canals-and-bridges/the-saimaa-canal)*.

WANDERN

In 40 Nationalparks und 9 ausgewiesenen Wandergebieten mit Wegen unterschiedlicher Schwierigkeit und Länge kannst du dich so richtig auf deinen neuen Wanderschuhen austoben. Feuerstellen mit Brennholzvorrat und Wildnishütten sorgen für Komfort bei deiner Wildniserfahrung, sollen aber vor allem verhindern, dass unkontrollierte Feuer ausbrechen. Informier dich immer über die Waldbrandstufen. Müll ist wieder mitzunehmen, und denk immer daran, dass du oft fernab von möglicher Hilfe unterwegs bist. Neben richtiger Kleidung und guten Schuhen gehören Kompass,

Karte, Proviant, Verbandszeug sowie Mücken- und Regenschutz und eventuell ein Kocher in den Rucksack. Das Mobilnetz funktioniert in Finnland zwar nahezu flächendeckend, trotzdem gibt es keine Garantie für ständigen Empfang. Info: *nationalparks.fi, visitfinland.com.* Karten: *excursion map.fi.*

WINTERSPORT

Nördlich von Rovaniemi liegt Schnee von Oktober bis Ende April. Die trockene Luft und Spezialkleidung machen auch Temperaturen von minus 30 Grad noch einigermaßen erträglich. Es gibt 72 Skiresorts in Finnland *(ski.fi/de)*, das größte ist Ylläs *(yllas.fi)* mit insgesamt 63 Pisten, darunter die längste des Landes. Levi und Ruka sind beliebt wegen ihres guten Après-Ski-Angebots. Mehr als 5500 km Loipen werden jedes Jahr gespurt. Auf *kartta.latutilanne.fi* sind die Langlaufgebiete und relativ zeitnah auch der aktuelle Zustand der Loipen verzeichnet.

Populär ist Schlittschuhwandern auf gefrorenen Seen im Saimaagebiet, z. B. von Oravi nach Rantasalmi *(oravi village.com)*. Schneeschuhe werden fast überall angeboten, wo Schnee liegt. Die temporeichen Huskytouren sind in Lappland und Nordostfinnland so beliebt, dass sie schon mal ausverkauft sind. Mit den neuen e-Sleds, elektrischen Schneemobilen, kannst du Natur und Geschwindigkeitsrausch in Lappland ohne Lärm, Abgase und schlechtes Gewissen genießen.

INSIDER-TIPP
Leise gleitet der Schnee

Biker in Aktion: Wälder zum Downhill gibt es in Finnland genügend

DIE REGIONEN IM ÜBERBLICK

BARENCEVO MORE
Varangerfjorden
Tuloma
Kola
Lotta
Ponoj
Sergozero
Sojana
Kandalakšskaja
Beloe More
Dvinskaja guba
ROSSIJA
Kemijärvi
Ylikitka
Kuusamo
Topozero
Onežskaja guba
Hört der Wald denn hier nie auf? Stopp, da vorne steht ein Elch
OSTFINNLAND S. 100
Onega
Segozero
Pielinen
Schon wieder ein See, und noch einer. Jetzt ruderst du mal!
Kuopio
Joensuu
Onežskoe ozero
Haukivesi
Jyväskylä
ozero Beloe
SEENFINNLAND S. 82
Ladožskoe ozero
Lahti
HELSINKI & SÜDKÜSTE S. 40
HELSINKI
Coole Designhauptstadt mit traumhafter Schärenküste
Suomenlahti
EESTI
Msta
150 km
93.21 mi

HELSINKI & SÜDKÜSTE

FRISCHER WIND AUS ALLEN RICHTUNGEN

Die Hauptstadt Helsinki ist in jeder Hinsicht das Drehkreuz Finnlands. Sie teilt die Südküste nahezu mittig in einen westlichen und einen östlichen Teil..

Beide Nachbarländer, Schweden und Russland, haben deutlich sichtbare Spuren hinterlassen. Diese begegnen dir auch im Inland, entlang der alten Postroute von Stockholm nach St. Petersburg, dem Königsweg *Kuninkaantie:* Feldsteinkirchen und Festungsruinen, schmucke Herrenhäuser, historische Eisenhütten und eine maleri-

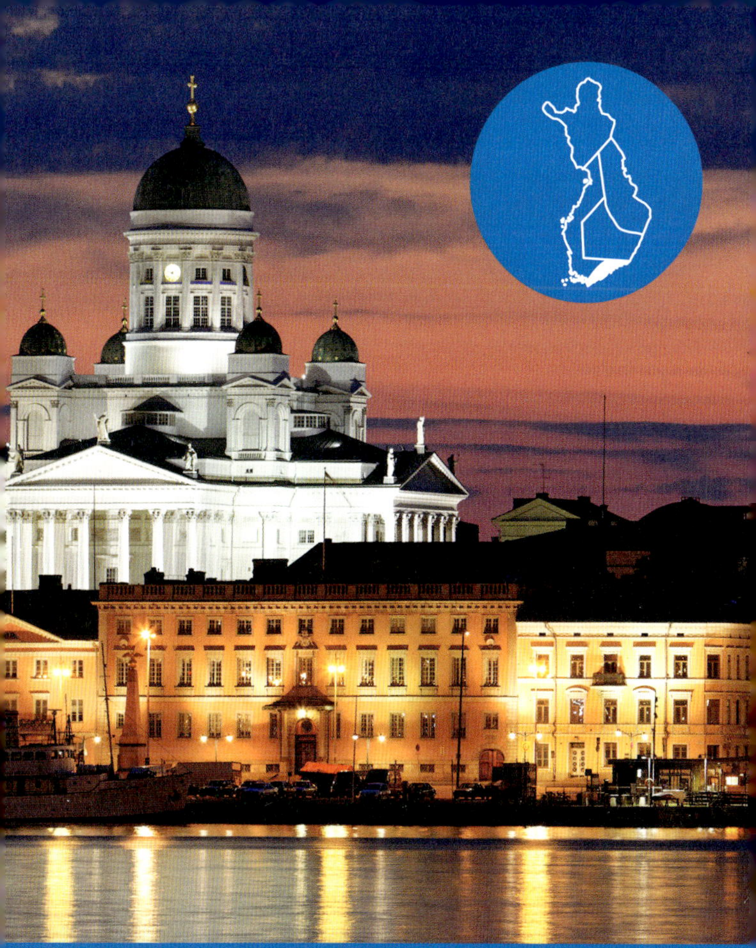

Hallo Helsinki! Der weiße Dom begrüßt dich bei der Anfahrt mit dem Schiff

sche Kulturlandschaft. Im Sommer tummeln sich vor der Küste unzählige Schiffe zwischen den Schäreninseln im Finnischen Meerbusen. Mit den Städten Espoo und Vantaa bildet Helsinki einen Ballungsraum von 1,3 Mio. Menschen im Spannungsfeld zwischen Ost und West, der sich trotz Multikulti eindeutig finnisch anfühlt.

HELSINKI & SÜDKÜSTE

MARCO POLO HIGHLIGHTS

★ **OODI-ZENTRALBIBLIOTHEK**
Bücherhimmel, öffentliches Wohnzimmer und architektonisches Gesamtkunstwerk ➤ S. 46

★ **SEURASAARI**
Das Freilichtmuseum auf der Erholungsinsel veranstaltet alljährlich das größte Mittsommerfest Finnlands ➤ S. 48

★ **SENATSPLATZ (SENAATINTORI) & DOM**
St. Petersburg im Miniformat mit Dom in Helsinki ➤ S. 45

★ **SUOMENLINNA**
Die Seefestung vor Helsinki zählt zu Recht zum Weltkulturerbe ➤ S. 48

★ **KAUPPATORI & ALTE MARKTHALLE**
Bester Ort für eine erste Begegnung mit der Hauptstadt ➤ S. 78

★ **PORVOO**
Mittelalterliches Holzstädtchen und Gourmethochburg am Flussufer ➤ S. 56

★ **EISENHÜTTENDORF FISKARS**
Kunst, Design und Handwerk in malerischer Kulturlandschaft ➤ S. 59

★ **HANKO**
Südlichster Vorposten Finnlands mit Strandpromenade und Holzvillen aus der Zarenzeit ➤ S. 61

★ **FELSENKIRCHE (TEMPPELIAUKION KIRKKO)**
Der „Teufelverteidigungsbunker" mit Kupferkuppel ist weltweit einzigartig ➤ S. 47

★ **KATAJANOKKA**
Jugendstilviertel mit Eisbrecherflotte und orthodoxer Vorzeigekathedrale ➤ S. 45

Tuulos
Vesijärvi
24
Parola
Hämeenkoski
Hämeenlinna
12
4 Lahti
10
KANTA-HÄME
PÄIJÄT-HÄME
Järvelä
3
54
Tervakoski
Orimattila
Oitti
54
Riihimäki
Loppi
Porvoonjoki
E12
Pukkila
Hyvinkää
Mäntsälä
Läyliäinen
E75
4
55
Kellokoski
Sankt Petersburg 5
Rajamäki
25
Monninkylä
UUSIMAA
3 Tuusulanjärvi-See
7
3
Porvoo
Tuusula
S. 56
Klaukkala
26 km, 30 Min.
Haikon Kartano 6
E18
1 Nuuksio-Nationalpark
Vantaa
Söderkulla
Veikkola
52 km, 1 Std.
Hietaranta
Espoo
Seurasaari
Helsinki
S. 44
Kauppatori & alte Markthalle
Oodi-Zentralbibliothek
Senatsplatz & Dom
Felsenkirche
Katajanokka
Kirkkonummi
Pihlajasaari
Suomenlinna
SUOMENLAHTI
15 km
9.32 mi

HELSINKI

E14 **Die kleine, lebhafte Metropole Helsinki (655 300 Ew.) verströmt bei aller großstädtischen Geschäftigkeit finnische Ruhe und selbstbewusste Gelassenheit.**

Die Kernstadt ruht auf Halbinseln aus uraltem (also superhartem) Granit direkt am Meer. Bei der Anfahrt per Schiff begrüßen dich der weiße Dom und die goldenen Kuppeln der orthodoxen Uspenski-Kathedrale, wenn du an der Seefestung Suomenlinna vorbei in den Südhafen einläufst. Dort werden auf dem Marktplatz Fisch, Gemüse, Souvenirs und Spezialitäten angeboten.

Über die Flaniermeile Esplanadi gelangst du in die anderen Stadtteile im Zentrum. Eisstände verkaufen Riesenkugeln, Edelgeschäfte die Trends der Welt, Cafés servieren Beerenkuchen. Ob Straßenmusiker, Geschäftsfrau, Tourist oder Hafenarbeiter, bei Sonnenschein genießen alle die leichte, fast südländisch gewürzte Atmosphäre.

Eine besondere Note erhält die Stadt durch Prunkfassaden aus dem 19. Jh. und durch mehr als 600 Jugendstilgebäude in den Vierteln *Eira, Katajanokka, Ullanlinna* und *Kruununhaka*. Die Stadt ist Bühne für die Avantgarde finnischer Künstler, Designer und Architekten. In den Stadtteilen *Kalasatama, Ruoholahti, Arabianranta* und auf *Laajasalo* entsteht die Wohnkultur von morgen auf alten Hafen- und Industrieflächen. Die beliebten Holzhausviertel in *Vallilla* und *Käpylä* haben Seltenheitswert, im ehemaligen Arbeiterviertel *Kallio* ist das Nachtleben bunt, die Szene bleibt aber überschaubar und ist dadurch angenehm familiär.

Alle wichtigen Sehenswürdigkeiten erreichst du zu Fuß, per Fahrrad oder mit der Straßenbahn – heiß geliebtes Kulturgut der Stadt. Leicht gelingt auch der Wechsel von der Stadt in die Natur. Helsinki, die schöne „Tochter der Ostsee", ist gesegnet mit einer langen Küste und Sandstränden, zahlreichen Parks, küstennahen Inseln und einer träumerisch schönen Umgebung in alle Richtungen. Auch wenn du erst mal kein Wort verstehst: Nach einem Tag wirst du dich wie zu Hause fühlen.

WOHIN ZUERST?

Kauppatori *(d4)*: Der Marktplatz liegt direkt am Südhafen. Hafenrundfahrten und Fähren nach Suomenlinna starten hier. Parkhäuser sind Tähtitornivuori und Kasarmitori, andere mit „P" und Pfeil ausgeschildert. Straßenbahn 7 (Länsiterminaali) & 5 (Rautatieasema) fahren vom Senatsplatz (fünf Gehminuten) zum Bahnhof.

SIGHTSEEING

KAUPPATORI & ALTE MARKTHALLE ★

Irgendwann finden ihn alle, den Kauppatori am Südhafen vor dem Präsidentenpalast. Im Sommer ist hier der „Touristenbär" los, aber alles bleibt gelassen, auch wenn (Vorsicht!) Möwen die Eiskugel von der Waffel klauen. Hier starten Hafenrundfahrten und die Fähren nach Tallinn oder Stockholm. Bei Regen gehst du einfach in die ☂ alte Markthalle *Kauppahalli*. ⏲ *2 Std.* | 🕮 *d4*

SENATSPLATZ (SENAATINTORI) & DOM ★

Dieses neoklassizistische Prachtstück gehört zu Recht zum Pflichtprogramm. Multikulti war der würdevolle Platz schon in der Bauphase ab 1816. Zar Alexander I. gab ihn in Auftrag, der deutsche Architekt C. L. Engel zeichnete die Pläne, finnische Muskelkraft errichtete die Gebäude: *Senat*, *Universität* und das *Marktviertel* zum Designshoppen. Eine mächtige Freitreppe führt zur weißen evangelischen Domkirche *Tuomiokirkko* von 1852 hinauf *(tgl. 9–18, Juni–Aug. bis 24 Uhr)*. Mitten auf dem Platz steht noch heute Zar Alexander II., und auf dem Kopf des Denkmals sitzt, zum Bedauern der Fotografen, fast immer eine Möwe. ⏲ *1 Std.* | 🕮 *d4*

KATAJANOKKA ★

Früher war dieser auf einer Insel liegende Stadtteil ein zwielichtiges Pflaster. Heute beherbergt Katajanokka neben der *Uspenksi*-Kathedrale einige der schönsten Jugendstilgebäude, einen Luxusyachthafen und coole Restaurants. Vor dem Außenministerium ankert die *Eisbrecherflotte (Arctia Oy | Laivastokatu 9)*, im früheren Gefängnis, heute das Hotel *Katajanokka (Merikasarminkatu 1 A)*, kannst du eine Originalzelle besichtigen. Von der Aussichtsterrasse des *Allas Sea-*

Am Kauppatori landest du bestimmt mal, vielleicht zu einer Hafenrundfahrt?

pool (Katajanokanlaituri 2a) ist der Ausblick auf den Südhafen phantastisch.

INSIDER-TIPP
Koffeinkick

Die ganze süße kleine Schwesterinsel Katajanokanluoto mit Lotsenhaus und Café duftet nach Kaffee, und du bekommst Gänsehaut, wenn die riesigen Fähren an dir vorbeiziehen. *Fähren Juni–Mitte Aug. Di–Sa, Mitte Aug.–Anf. Sept. Sa/So | ab Kauppatori 7 Min. | 7 Euro | Tel. 0500 102111 | katajanokanluoto.fi/laivaliikenne | 3 Std. | e–f 4*

USPENSKI-KATHEDRALE (USPENSKIN KATEDRAALI)

Stühle gibt es keine, denn gläubige Orthodoxe beten stehend. Sonst ist alles vorhanden: 13 goldene Zwiebeltürme, eine goldglänzende Ikonenwand, rote Teppiche und Opferkerzen. Und die Kathedrale ist umweltbewusst. Schon für den Bau (1868) wurden Ziegel der zerstörten Festung Bomarsund (Åland-Inseln) recycelt, heute heizt das Kühlwasser des Datenzentrums im Felsen unter der Kirche Wohnungen in Helsinki. *Di–Fr 9.30–16, Sa 10–15, So 12–15 Uhr | Kanavakatu 1 | 30 Min. | e4*

BRUNNENPARK (KAIVOPUISTO)

Schon wegen der tollen Aussicht vom Felsen der Ursa-Sternwarte ist der große Park am Botschaftsviertel ein Muss. Unbedingt machen: die Strandpromenade *Merisatamaranta* entlangspazieren, Eis essen, den Teppichwäschern zusehen und danach Chillen mit Sekt am Café *Mattolaituri (€€)* oder mit Kaffee am Local-Treff *Café Compass (im Sommer tgl. ab ca. 8 Uhr | Ehrenströmintie 1 B | €). 2 Std. | d–e6*

HAUPTBAHNHOF (PÄÄRAUTATIEASEMA)

Grimmig, muskelbepackt und schweigend. So begrüßen die vier Maskottchen der finnischen Bahn *(Lyhdynkantajat)* von Emil Wikström die Fahrgäste seit 1914. Man setzt ihnen schon mal Masken der Rockgruppe Kiss auf oder einen Eishockeyhelm, wenn Finnland wieder Weltmeister geworden ist. Das berühmte Wandgemälde von Eero Järnefeldt im Restaurant zeigt die Koli-Felsen. Flankiert wird der Bahnhofsplatz vom Nationaltheater, einem Jugendstilbau, und dem Nationalmuseum *Ateneum* im Neorenaissancestil. *15 Min. | c3*

OODI-ZENTRALBIBLIOTHEK ★

Das neue „öffentliche Wohnzimmer der Hauptstadt" toppt als multimediales, dreistöckiges Bildungsbiotop mit Hingucker-Holzfassade alles, was Helsinki an moderner Architektur zu bieten hat. Von der „Bürgerterrasse" in luftiger Höhe hast du einen tollen Blick auf alle Kulturbauten am *Bürgerplatz (Kansalaistori)*: Auf Augenhöhe thront gegenüber würdevoll das *Parlament (Eduskuntatalo)*. Davor ruht das Konzerthaus *Musiikkitalo*, für dessen Akustik im großen Konzertsaal der Weltklasse-Akustiker Yasuhisa Toyota verantwortlich war (wie auch für die Hamburger Elbphilharmonie). *Kiasma* heißt der geschwungene Aluminiumkorpus des Museums für zeitgenössische Kunst, links und rechts strahlt die weiße Carrara-Marmorfas-

Vor dem Museum für zeigenössische Kunst die Sonne genießen? Oder erst reingehen?

sade der *Finlandiahalle* von Alvar Aalto an der Töölöbucht. Im Bücherhimmel von Oodi kannst du erahnen, was Bürger sein in Finnland bedeutet. *Mo–Fr 8–22, Sa/So 10–20 Uhr, an Feiertagen geschl. | Eintritt frei |Töölönlahdenkatu 4 | oodihelsinki.fi | 1 Std. | c3*

NATIONALMUSEUM

Das Museum im Jugendstilbau weiß alles über die Geschichte Finnlands. In der Eingangshalle empfangen dich Fresken aus dem Nationalepos Kalevala. *Sept.–April Di–So, Mai–Aug. tgl. 11–18, Mi 11–20 Uhr | Eintritt 14 Euro, unter 18 J. frei | Mannerheimintie 34 | kansallismuseo.fi | 2 Std. | b3*

FELSENKIRCHE (TEMPPELIAUKION KIRKKO) ★

Zwei Milliarden – hat sie nicht gekostet, aber der Granit, in den die Brüder Suomalainen das Gotteshaus sprengen ließen, ist so viele Jahre alt. Rohe Felswände, eine enorme Kupferkuppel und 180 Fenster machen dieses Bauwerk zu einem Besuchermagneten. Am eindrücklichsten erlebst du den Raum bei einem Konzert oder Gottesdienst – ab 16 Uhr ist mittwochs der Eintritt frei, im Kirchencafé sind die Tickets 60 Cent billiger. *Mo–Fr 9.30–17 Uhr, Sa/So unregelmäßig | Eintritt 3 Euro | Lutherinkatu 3 | temppeliaukionkirkko.fi | 30 Min. | b3*

SIBELIUSDENKMAL

Das „Monstrum" stieß beim Volk auf totale Ablehnung. Als die Bildhauerin Eila Hiltunen (1922–2003) für ihren abstrakten Entwurf „Passio musicae" den Zuschlag bekam, landete ein Shitstorm aus Hassbriefen im Briefkasten. Mit eisernem Willen erschuf sie das

My home is my island: Sicher wohnen im Stadtteil Suomenlinna

glitzernde Ding aus 600 Stahlröhren dennoch – so, wie sie es schon als Kind erträumt hatte. Seit 1967 steht es unverändert schön im Sibeliuspark, ist mittlerweile weltbekannt und schon millionenfach fotografiert. *30 Min.* | *a2*

SEURASAARI ★

„Ab auf die Insel" ist in Helsinki ein Kinderspiel. Mehr als 300 Inseln gibt es, viele sind nur einen Steinwurf vom Festland entfernt. Trotzdem ist man irgendwie sofort „einfach mal weg". Eine grüne Oase ist die 5 km nordwestlich vom Zentrum gelegene Insel *Seurasaari*. Über eine Holzbrücke wanderst du aufs Land und in die Vergangenheit. Nach dem Besuch des *Freilichtmuseums (Juni–Aug. tgl. 11–17 Uhr | Eintritt 9 Euro | Bus 24 vom Zentrum)* ist klar: Überleben im Norden war nicht immer einfach. Gefeiert wurde trotzdem und Seurasaari begeht am Wochenende nach dem 21. Juni das historische *Mittsommerfest* mit Tanz, Musik und dem größten Johannisfeuer ganz Helsinkis. *4 Std.* | *E14*

SUOMENLINNA ★

Totale Fehlplanung ist kein Privileg der Neuzeit: 40 statt geplanter vier Jahre dauerte der Bau der Seefestung.

Frankreich bezahlte mit 90 Fässern Gold, Hunderte Arbeitssoldaten mit ihrem Leben. Das schwedische Bollwerk konnte nicht verhindern, dass der Zar Finnland 1809 eroberte. Doch ohne diese Großbaustelle wäre Helsinki nie Hauptstadt geworden. Die frei zugänglichen Festungsinseln sind heute Weltkulturerbe, bewohnter Stadtteil und Naherholungsgebiet. Neben Festungsmauern (6 km) und Kanonen (stolze 105!) lockt die tolle Aussicht, viel Wind, die Brauerei und das U-Boot „Vesikko". Ein *Besucherzentrum* und *sechs Museen (Mai–Sept. tgl. 10–18, Okt.–April 10–16 Uhr | Eintritt 6 Euro)* informieren. Überfahrt mit HKL-Fähre *(Nahverkehrsticket gültig | 2- bis 3-mal stdl. | 20 Min.)* ab Kauppatori. *5 Std.* | *E14*

ESSEN & TRINKEN

CAFÉ REGATTA

Hier zahlst du nur die erste Tasse Kaffee. Für jede weitere gibt es 5 Cent zurück – als Belohnung dafür, dass du zum zweiten Mal anstehst. Das charmante Caféhüttchen mit großer Terrasse und Lagerfeuer am Töölö-Ufer ist absolut liebenswert. *Tgl. ab 8 Uhr bis Sonnenuntergang | Merikannontie 8 | caferegatta.fi | € | 0*

CAFÉ URSULA

Zu den Stoßzeiten geht es am Büfett schon mal rund, denn der Blick aufs Meer ist unschlagbar. 1952 von zwei Frauen zur Olympiade für gemeinnützige Zwecke gegründet, ist das Lokal heute eine zuverlässige Adresse für Jeans- und Krawattenanlässe gleichermaßen. *Tgl. | Ehrenströmintie 3 | Kaivopuisto | ursula.fi | €€ | d6*

NAUGHTY BRGR

Hier heißt es Unterkiefer ausklinken und dann die Qual der Burgerwahl. Immer 100 Prozent finnisches Rindfleisch, vegetarische Optionen und sogar Halloumi-Pommes. *Mo–Sa 11–22, So 12–19 Uhr | Lönnrotinkatu 13 | Facebook: NBRGR | € | c4*

KAHVILA TAIDETERASSI

Mit Abstand die beste Aussicht auf die Töölöbucht hast du von der Terrasse dieses romantischen Künstlercafés. *Mai–Sept. tgl., Okt.–April Mo–Fr geschl. | Linnunlauluntie 11 A | Tel. 04 52 61 57 33 | Facebook: Taideterassi | € | c2*

GRÖN

Die Belegschaft leidet an Sammelwut, darum geht es ziemlich „wild" zu auf dem Teller. Grön bringt Pilze, Beeren, Kräuter und essbare Zutaten aus der Natur so gekonnt auf den Teller, dass sogar ein Michelinstern vergeben wurde. Reservierung? Bloß nicht vergessen. *So/Mo geschl. | Albertinkatu 36 | Tel. 05 03 28 91 81 | restaurantgron.com | €€€ | b5*

KORTTELI

Mieses Wetter, alle sind hungrig und jeder will etwas anderes? Nicht nur in diesen Fällen ist das neue „Stadtviertel" im 5. Stock des *Kamppi-Centers* mit Genusstempel-Ablegern die Rettung. Pluspunkt im *Jord*: die Aussicht. *Alle tgl. ab 11 Uhr | Urho-Kekkosen-Katu 1 | €€–€€€ | b4*

SILVOPLEE

Wenn du dich nach dem Besuch lebendiger fühlst, liegt es am Essen. Tote Tiere gibt es hier nicht, aber über 30 Gerichte am Büfett (der Preis geht nach Gewicht), zwei Drittel sind bio, regional sowieso und viele werden nur bis 40° C erhitzt, also alles noch lebendig ... *Mo–Fr 11–19, Sa 11–18 Uhr | Toinen Linja 7 | Tel. 0 97 26 09 00 | silvoplee.fi | €€ | ⊞ d1*

TUKKUTORIN KALA OY

Der Besitzer kennt jeden Fischer im Land, und seine Crew weiß, wie man Fisch zubereitet. Gekocht wird im ehemaligen Schlachthaus *Teurastamo*, heute Trendsetter der Food-Szene und Hipsterzone mit Streetfood-Happenings, Nachtmarkt, Destillerie, Nudelfabrik usw. *Mo–Sa 7–18 Uhr, Mittagessen Mo–Fr 11–14 Uhr | Työpajankatu 2B | Tel. 05 03 01 45 49 | tukkutorinkala.fi | € | ⊞ 0*

AITO

Die finnischen Zutaten werden innovativ, mit Pfiff und sehr sorgfältig zubereitet. Kleines Restaurant mit freundlicher Bedienung, perfekt für das romantische Abendessen. Reservierung empfohlen. *So 12–16, Di/Mi 15–22, Do 12–22, Fr/Sa 12–23 Uhr | Museokatu 29 | Tel. 0 94 54 43 03 | ravintola-aito.fi | €€€ | ⊞ b3*

SHOPPEN

Helsinki ist ein Paradies für alle, die auf „ollen Kram" stehen. Der Flohmarkt *Kirppis (im Sommer täglich | Lönnrotinkatu 34 | ⊞ b5)* vor der Markthalle *Hietalahti* ist legendär. Bei *Uff (Frederikinkatu 36 & Hämeentie 4 | uff.fi)* kannst du echte Vintage-Schnäppchen finden.

ESPLANADI

Lust auf Prunk? An der Flaniermeile *Pohjoisesplanadi* findest du ihn, mit den edelsten (= teuersten) Geschäften, 5-Sterne-Hotel Kämp und vielen Sitzbänken zum „Spazierengucken". Nur hier sind im Winter hohe Absätze nicht lebensgefährlich: Der Bürgersteig ist beheizt! Die nackte Maid von Ville Valgrén heißt *Havis Amanda* und war bei ihrer Enthüllung arg umstritten. Heute erhält sie jährlich am 30. April *(Vappu)* um 18 Uhr eine Studentenmütze. *⊞ c–d4*

TAIGA COLORS

INSIDER-TIPP **Bärentatzenkunst**

Die auf Stoff gedruckten Motive der Fotografin Jutta Kuure sind tolle Mitbringsel, ebenso wie die Juju-Collection, von Juuso, dem berühmtesten Braunbären Finnlands, „bedruckte" Stoffe. *Mo–Fr 10–18, Sa 10–17 Uhr | Unioninkatu 28 | taigacolors.fi | ⊞ d4*

DESIGN DISTRICT

In diesem Teil der Stadt holst du dir eine Überdosis an finnischem Design! Rund 200 kreative Finnen stehen auf der Karte der Touristeninformation *(designdistrict.fi)*. Wenn du die Straßen Frederikinkatu, Iso Robertinkatu, Uudenmaankatu und Korkeavuorenkatu entlangbummelst, findest du mit Sicherheit etwas, das du unbedingt haben musst! *⊞ b–d 4–5*

SPORT & SPASS

LINNANMÄKI

Die beliebte Holzachterbahn *vuoristorata* steht seit 1952. Von gestern ist der älteste Vergnügungspark Finnlands aber nicht. Ohne stabilen Magen sind die neuen Geräte nicht zu schaffen, die eXtra-Achterbahn setzt mit Virtual Reality noch eins drauf. Vom Riesenrad genießt du eine Topaussicht. *Ende April–Mitte Sept. tgl. 11–22 Uhr | Tagesticket 28–37 Euro | Tivolikuja 1 | linnanmaki.fi | E14*

RADFAHREN

120 km Radrouten, 90 davon an der Küste. Für kürzere Strecken sind die gelben Citybikes *(die ersten 30 Min. kostenlos, danach 1 Euro/halbe Stunde, 5 Euro pro Tag, 10 Euro die Woche | kaupunkipyorat.hsl.fi)*, genannt *Fillarit*, ideal. Räder für längere Touren verleiht *Bicyclean (ab 20 Euro/Tag | Luotsikatu 14 | bicycleanhelsinki.com | e4)*. 29 Tourenideen für Helsinki findest du auf *hel.fi*.

WASSERSPORT

Natura Viva (Tel. 01 02 92 40 30 (*) | naturaviva.fi) in Vuosaari bietet alles, was man sich an Kanutouren wünschen kann. Ein perfektes Schärenerlebnis ist der abendliche Segeltörn mit der Hai-Segelyacht *Myrskylintu (Abfahrt 17 Uhr | Ticket 100 Euro/Person, max. 3 Pers. | Dauer 3 Std. | dokk.fi/en/charter/hai-sailland-dine)*. Auf dem nachgebauten Kanonenboot *Diana* schippert Kapitän Chapman um die

INSIDER-TIPP
Hart Steuerbord

Tief durchatmen: Radeln im Grünen geht in Helsinki auf vielen Wegen

Vorglühen plus Vorwärtskommen: Die Straßenbahn Spårakoff ist ein Pub auf Schienen

Seefestung Suomenlinna *(Ticket 25 Euro, Kinder bis 2 J. 7 Euro, bis 16 J. 15 Euro | suomenlinnatours.com)*.

SCHWIMMEN

Die Ostsee ist dir zu kalt? Dann schwimm im *Olympiastadion (Mitte Mai–Mitte Sept. Mo–Sa. 6.30–20, So 9–20 Uhr | Eintritt 4,50 Euro, Kinder 7–17 J. 2,20 Euro | Hammarskjöldintie 5)*. Von September bis Mai rettet dich bei Sauwetter die *Yrjönkadun Uimahalli (Frauen So/Mo/Mi/Fr, Männer Di/Do/Sa | Eintritt 5,50 Euro | Yrjönkatu 21b | c4)*, ein klassizistisches Hallenbad von 1928 mit Sauna *(16 Euro)* und Nacktschwimmen.

STRÄNDE

Am größten Badestrand der Stadt *Hietaranta (Hiekkarannantie 11 | 0)* ist bei schönem Wetter viel los. Von Mai bis Anfang September pilgern die Helsinkier mit dem Boot zur Insel *Pihlajasaari (ab Café Carusel, Merisatama 10 | 0)* zum Baden, auch nahtlosen Bräunen und Waffelessen an der Holzvilla *Hällebo* von 1883. Besonders nett: die bunten Strandhäuschen.

WELLNESS

HERNESAAREN LÖYLY

Ziemlich schick: Der Saunakomplex im modernen Holzgebäude hat Zugang zum Meer, bietet Rauch- und Holzsauna sowie ein Restaurant *(€€)* mit tollem Meerblick. Du solltest eher mit Partystimmung als mit kontemplativer Stille rechnen. *Tgl. Sauna ab 13 Uhr | Eintritt 19 Euro | Hernesaarenranta | loylyhelsinki.fi | 0*

LAPINLAHDEN LÄHDE

Diese Gemeinschaftssauna im traditionellen Stil von 1880 liegt wunderschön an einer ehemaligen Krankenhausanlage direkt am Meer. Wer nach dem Schwitzen Appetit hat, kann auch noch günstig zu Mittag essen im Restaurant *Loop*. *Männer Di/Do 12–13.30, Mi 14–15.30 Uhr, Frauen Mi 12–13.30, Di/Do 14–15.30 Uhr, gemischt: Mi 16–20, So 13–15.30 Uhr | Eintritt 10 Euro | Lapinlahdenpolku 8 | lapinlahdenlahde.fi | a4*

AUSGEHEN & FEIERN

SPÅRAKOFF

INSIDER-TIPP
Kneipe auf Schienen

Die knallrote Straßenbahn fährt eine Stunde durch das Zentrum. Der Clou: Sie ist gleichzeitig ein Pub und damit der ideale Einstieg in einen Kneipenabend. *Anf. Mai–Anf. Sept. Mo–Sa | Eintritt 12 Euro, Getränke kosten extra | Haltestelle Mikonkatu | c3*

BREWSTER

Die Szenekneipe direkt am Karhupuisto-Park in Kallio macht einfach nur Spaß, sogar die Preise sind erfreulich. *So–Do 15–5, Fr/Sa 12–5 Uhr | Kaarlenkatu 1 | Facebook: Brewster-Kallio | d1*

TRILLBY & CHATWICK

Während der Prohibition (1919–1931) widmete sich das Büro der Londoner Detektei T&C dem verbotenen Ausschank von Alkohol an die Mächtigen im Regierungsviertel.

INSIDER-TIPP
Psst, ganz geheim!

Wer rein will, muss wie zu alten Zeiten erst mal die Klingel finden. Nicht entdeckt? Dann weiter zur Cocktailbar *Liberty or Death (Mo–Sa ab 16, So ab 18 Uhr | Erottajankatu 5)*. *Mo–Do 17–1, Fr/Sa 16–2 Uhr | Katariinankatu | Tel. 4 01 80 31 99 | sonofapunch.com | d4*

TANNER

Tanner ist mit minimalistischem Interieur, finnischem Bier und hochgelobter Pizza eine feste Größe für Tanzwütige. Das Soundsystem ist top, und fast jede Nacht legt ein anderer DJ auf. Du brauchst noch mehr Musik? Dann geh in den angeschlossenen Vinylshop. *Mi/Do 16–22, Fr/Sa16–1 Uhr | Hämeentie 11 | ravintolatanner.fi | e1*

TAVASTIA

Einer der ältesten Rockclubs in Europa ist eine gern gesehene Testmeile für Live-Rockmusik in Finnland. Internationale Größen „dürfen auch mal spielen". *Tgl. 20–1, Sa 20–4 Uhr | Urho Kekkosen katu 4–6 | tavastiaklubi.fi | b4*

WALLIS KARAOKE BAR

Karaoke ist in Finnland so beliebt wie Biertrinken. Die freundliche Atmosphäre und der Meerblick locken viele großartige Karaokesänger an. Tischreservierung empfohlen. *So–Do 20–3, Fr/Sa 18–4.30 Uhr | Kanavaranta 7 E 22 | Tel. 04 01 81 06 00 | walliskaraokebar.fi | e4*

TICKETS

Zentraler Ticketservice für alles und jeden: *Lippupalvelu (Tel. 0600 1 08 00 (*) | lippupalvelu.fi)*. Was sonst noch so täglich los ist, findest du hier: *stadissa.fi*.

RUND UM HELSINKI

1 NUUKSIO-NATIONALPARK

35 km von Helsinki bis Nuuksio/ 45 Min. per Auto auf der 51

Der Nuuksio-Nationalpark ist ideal für Stadtpflanzen, die eine Wildniserfahrung suchen. Er bietet das Rundumpaket finnischer Natur: Wald, Seen, Wandern, Picknick, natürlich auch Mücken und meist auch Ruhe und Stille. Wenn du mal im Freien übernachten willst, geht das prima in einem mückensicheren Tentsile-Hängemattenzelt *(Juni–Sept. | Tel. 05 03 30 80 77 | honkalintu.fi | €€€)* in luftiger Höhe. Das moderne *Naturschutzzentrum Haltia (Mai–Sept. tgl. 10–18, Okt.–April Di–So 10–17 Uhr | Nuuksiontie 84 | nationalparks.fi/en/nuuksionp)* hat alle Infos. E13

INSIDER-TIPP
Durch die Nacht schaukeln

2 LOHJA

60 km von Helsinki/50 Min. per Auto auf der E18 und 25

In die Kleinstadt (46 000 Ew.) kannst du einen schönen Tagesausflug unternehmen. Jules-Verne-verdächtig ist das *Tytyri-Kalkbergwerk (Juni–Aug. Di–So, Sept.–Dez. und Feb.–Mai Sa/So 12, 13, 14 und 15 Uhr Führungen auf Finnisch, auf Englisch einmal die Woche im Sommer | Eintritt 18 Euro, Kinder 5–16 J. 10 Euro, private Führung auf Englisch 1–7 Pers. 120 Euro, ab 8 Pers. 18 Euro/Person | Kuilukatu 42 | tytyrielamyskaivos.fi)*. Mit dem Spezialaufzug geht es 80 m tief unter die Erde – ein dramatisches Erlebnis mit Lightshow und klassischer Musik von Jean Sibelius oder Metal von Amorphis. Wieder im Tageslicht angekommen, kannst du auf dem wunderschönen *Lohjanjärvi-See* im schwimmenden *Cafe Kaljaasi (Juni–Aug. So–Do 11–23, Sa/So 12–14 Uhr | Tel. 4 05 22 66 12 | Abholung am Anleger Virkkala auf Anruf 10 Euro)* Kaffee trinken. Und abends Fine Dining im Restaurant von *Mikko Utter (Di–Sa 18 Uhr, Sa auch 13 Uhr | Kauppakatu 16 | Reservierung: liput@mikkoutter.fi | Facebook | €€€)* mit nur acht Sitzplätzen. Nicht gerade billig, aber ein kulinarisches Erlebnis! E13

3 TUUSULANJÄRVI-SEE

30 km von Helsinki/40 Min. per Auto auf der 45 und 145

Auf einem ca. 20 km langen Radrundweg am See kannst du die Villen der Künstlerelite der Jahrhundertwende besuchen. Am berühmtesten ist Ainola *(Mai–Sept. Di–So 10–17 Uhr | Eintritt 10 Euro | Ainolankatu | Järvenpää | Tel. 09 28 73 22 | ainola.fi)*, Schauplatz der bekanntesten Liebesgeschichte Finnlands. Komponist Jean Sibelius und die schöne Aino Järnefeldt kämpften hier ab 1904 gemeinsam: mit Noten, Schulden, Alkohol, Depressionen, Erfolgen, Niederlagen und Kriegswirren. Fünf Töchter sind hier aufgewachsen, Symphonien wurden komponiert, Gäste empfangen und viele Zigarren geraucht. Am genialen Büfett im Restaurant *Krapihovi (Mo–Fr 11–15 und 17–24, Sa 12–16 und 17–22 Uhr | Rantatie 2 | Tel. 09 27 48 41 | krapi.fi | €€)*

Wald, Seen, Mücken: Die volle Ladung Natur bekommst du im Nuuksio-Nationalpark

kannst du wieder Kraft tanken. *visit tuusulanjarvi.fi* | *E13*

4 LAHTI

110 km von Helsinki/55 Min. mit dem Zug oder 90 Min. per Auto auf der E75

Nordische Skiweltmeisterschaften, dafür ist „Lach-ti" (119 300 Ew.) bekannt. Nichtspringer kriegen auf der Aussichtsplattform der riesigen *Skischanze (Juni–Aug. Mo–Fr 10–17, Sa/So 11–17 Uhr | Eintritt 8 Euro)* oder im Simulator des *Skimuseums (Juni–Aug. Di–Fr 9–17, Sa/So 11–16 Uhr | Eintritt 10 Euro)* das Zittern. Bei einer Schiffstour auf dem Päijänne-See beruhigen sich die Nerven dann wieder. Am Hafen steht die *Sibeliushalle (Mo–Fr 8–17 Uhr | Eintritt frei | Ankkurikatu 7 | sibeliustalo.fi)* an, ein Holz-Konzertkubus mit Glashülle. Zwölf überlebensgroße Kunstharzgestalten von Olavi Lanu findest du im *Lanu-Park*. Unbedingt finnische Wildtrüffel bei *TryffDeli (So/Mo geschl. | Vapaudenkatu 8 | Tel. 04 05 10 14 77 | tryffdeli.com | €–€€)* probieren! Der italienische Trüffelhund Ciro sollte hier eigentlich Pfifferlinge finden, aber das ging schief. *E13*

INSIDER-TIPP
Feines Näschen

5 ST. PETERSBURG

400 km von Helsinki/3½–4 Std. mit Zug

Viele Jahre lang fuhr viermal täglich der Allegro-Zug *(vr.fi)* in die schönste Stadt Russlands. Ob es diese Verbindung in naher oder fernerer Zukunft wieder geben wird, war angesichts des russischen Kriegs gegen die

Ukraine bei Redaktionsschluss ebenso ungewiss wie die Zukunft des bis dahin visumfrei möglichen Kurztrips mit dem Schiff *(stpeterline.com)*. *0*

PORVOO

E13 **Eine unbewachte Fischsuppe war schuld daran, dass ★ Porvoo 1760 abbrannte. Doch die Grundmauern blieben stehen, und auf denen baute man die Häuschen einfach wieder auf.**

Darum hat die zweitälteste Stadt Finnlands (50 000 Ew.) bis jetzt Mittelaltercharme, Kopfsteinpflaster inklusive. Schuhe mit hohen Absätzen solltest du also besser im Koffer lassen. Was aber nicht heißt, dass du dich nicht schick machen solltest: Borgå, wie die Stadt auf Schwedisch heißt, ist heute eine Feinschmeckerstadt, in der sich Sterneköche in einem der liebevoll gepflegten Holzhäuschen ihren Traum erfüllen.

SIGHTSEEING

DOM

Das soll ein Dom sein? Das 1418 erbaute Kirchlein ist seit 1721 schwedischer Bischofssitz und heißt darum Dom. Sechsmal ist er abgebrannt und immer wieder „auferstanden". Auf der Kanzel kannst du Sanduhren entdecken, die zur Zähmung maßloser Prediger aufgestellt wurden. Ein Votivschiff gedenkt der Seeleute, und die Statue von Alexander I. erinnert daran, dass hier 1809 das Großfürstentum Finnland ausgerufen wurde. *Mai–Sept.*

Caféglück in Porvoo: inklusive Kopfsteinpflaster unter den Füßen und Holzhauscharme

Mo–Fr 10–18, Sa 10–14, So 14–17, Okt.–April Di–Sa 10–14, So 14–16 Uhr | Kirkkotori 1 | 30 Min.

ALTSTADT

Die Häuser nördlich hinter dem Dom blieben vom großen Feuer verschont. Am besten eine Runde drehen und dann den Hügel hinunter zu den Hinterhöfen und Läden der malerischen Altstadt am Fluss. Den besten Blick auf die alten Lagerhäuser hast du von den zwei Brücken. *2 Std.*

RUNEBERG-HAUSMUSEUM

Jenseits der großen Brücke im Empire-Viertel wohnte einst der Nationaldichter Johan Ludvig Runeberg (1804–77). Nach ihm sind die Runeberg-Törtchen benannt, die er täglich mit Punsch gefrühstückt haben soll. Gedichtet hat er u. a. den Text der Nationalhymne „Maamme". *Mai–Aug. tgl. 10–16, Sept.–April Mi–So 12–16 Uhr | Eintritt 8 Euro | Aleksanterinkatu 3 | 1 Std.*

ESSEN & TRINKEN

GLASSIKKO

INSIDER-TIPP **Galaktisch gut**

Zuerst gab es hier nur Eis. Aber nicht irgendein beliebiges, sondern vom Sternekoch Samuli Wirgentius. Jetzt hat sich das Eiscafé in ein süßes Mittagslokal mit der „weltbesten" Pizza verwandelt, in der auch Suppe (zum Mitnehmen im Eimer, wenn's sein muss) und Brunch mit Tischservice serviert wird. Zum Nachtisch? Genau. *Mo–Do 10.30–15, Fr 11–20, Sa 11–17, So 11–16 Uhr | Kirkkotori 7 | glassikko.fi | €–€€*

SICAPELLE

Bildhauer Ville Valgrén (1855–1940), der u.a. die Bronzestatue Havis Amanda in Helsinki geschaffen hat, war ein lebensfroher Gourmet und Schwein „Pelle" sein Lieblingshaustier. Das Feinschmeckerlokal ehrt beide. *Mo geschl. (So nur Brunch) | Kirkotori 3 | Tel. 05 05 05 04 25 | sicapelle.fi | €€€*

SHOPPEN

HELMI

Hier bekommst du nicht nur Teesorten der Romanov-Zarendynastie, sondern auch die dazu passende Atmosphäre – und die berühmten Runeberg-Törtchen. *Mo–Fr 10.30–18, Sa 10–18, So 11–18 Uhr | Välikatu 7*

BRUNBERG

INSIDER-TIPP **Glückspille zum Testen**

Seit 1871 hilft die Schokolade von Brunberg den Finnen durch dunkle Zeiten. Damit niemand das falsche „Medikament" kauft, darfst du hier (fast) alles probieren. *Mo–Fr 10–18, Sa 9–16, So 10–16 Uhr | Välikatu 4*

PORVOON PAHTIMO

Den frisch gerösteten Kaffee kannst du im Café schlürfen, mahlen lassen und vakuumverpackt mitnehmen. *Tgl. | Mannerheiminkatu 2*

SPORT & SPASS

Wenn du nicht mit der *M/S Runeberg* aus Helsinki anreist *(Mitte Mai–Anf. Sept., Juli tgl., sonst Di/Mi, Fr–So 10 Uhr | 3 ½ Std. | Ticket 29 Euro, Hin-/*

Rückfahrt 39 Euro | msjlruneberg.fi), solltest du Richtung Ostsee mit Picknick am Lagerfeuer schippern *(Juni-Mitte Aug. Di/Do 17.30 Uhr | 3 Std. | Ticket 25 Euro | saaristolinja.com).*

RUND UM PORVOO

6 HAIKON KARTANO

7 km von Porvoo/10 Min. per Auto auf der 1543

Für finnische Verhältnisse ist dieses Herrenhaus, das schon die Zarenfamilie besuchte, ein Prachtbau. Der weiße Rolls Royce steht am Haupteingang immer bereit. Albert Edelfeldt (1854–1905) malte im *Atelier (Juni-Ende Aug. Di-So 10–16 Uhr | Eintritt 5 Euro)* im Park viele seiner Bilder. Im *Spa (Mo-Sa | Eintritt ab 35 Euro)* kannst du dich ein paar Minuten bei -120°C schockgefrieren lassen, im Restaurant *(tgl. | €€€)* fürstlich speisen oder bei einem Kaffee den Traumblick von der Terrasse genießen. *Haikkoontie 114 | Tel. 01 95 76 01 | haikko.fi | €€€ | E13*

RASEBORG

D14 **Willkommen in der finnischen Toskana! So sieht die Slow-Food-Bewegung die Zukunft der schönen Kulturlandschaft um Raseborg (27 500 Ew.).**

Die sanft hügeligen Felder, lichten Eichenwälder und saftigen Wiesen der Gemeinden *Karis, Pohja* und *Tammisaari (Ekenäs),* die zusammen die „Stadt" Raseborg bilden, liegen im wärmsten Teil Finnlands. Eine malerische Schärenküste ist das Sahnehäubchen. *Lähiruoka* (Lokales) wird hier an jeder Ecke produziert und prämiert. Schärf deine Geschmacksknospen!

SIGHTSEEING

MUSTION LINNA

Das Herrenhaus der Eisenhütte Svårt von 1792 ist mit seinem Stilmix aus Rokoko und Neoklassizismus mit wertvollen Parkettböden, gustavianischer Einrichtung schon deshalb kostbar, weil das Holzgebäude noch steht *(Mai Sa/So 11–16, Juni-Aug. Di-Do 11–16, Sa 11–17, So 11–14 Uhr, nur mit Führung, immer zur vollen Stunde | Eintritt 10 Euro).* In den prächtigen Parkanlagen kannst du allein herumspazieren und in charmant restaurierten Nebengebäuden auch übernachten (€€). Das erstklassige Restaurant (€€-€€€) lässt dich zu fürstlichen Preisen fürstlich speisen. *Hållsnäsintie 89 | Mustio | Tel. 01 93 62 31 | mustionlinna.fi | 2 Std.*

BURGRUINE RASEBORG

Wasserburg ohne Wasser? Das war im 14. Jh. beim Bau der mächtigen Burg, die der Region ihren Namen gibt, nicht abzusehen. Wegen der Landhebung sitzt sie jetzt auf dem Trockenen. Macht nix. Auf der Felseninsel wirkt sie umso größer. *Mai-Mitte Juni und Mitte-Ende Aug. tgl. 10–17, Mitte Juni-Mitte Aug. tgl. 10–20, Sept. Sa/So 10–17 Uhr | Eintritt 7 Euro*

Der Park rund um das Herrenhaus Mustion Linna hat wunderschöne Spazierwege

EKENÄS/TAMMISAARI

Man merkt es dem Städtchen Ekenäs (auf Finnisch heißt es *Tammisaari)* mit dem Namen „Eicheninsel" an, dass 85 Prozent der 15 000 Einwohner schwedisch sprechen: ein finnisches „Bullerbü". Die adretten Holzhäuschen, der große Park *Ramsholmen* und die schaukelnden Segelboote produzieren eine Sommeridylle, die du nicht für dich allein haben wirst. Helene Schjerfbeck, eine der bekanntesten finnischen Malerinnen, wusste, warum sie hier 20 Jahre lebte. Mehr zu ihrer Kunst erfährst du im *Café Schjerfbeck (So geschl. | Rådhustorget 8 | Tel. 04 56 12 25 13 | Facebook: cafe schjerf)* oder im *Ekta-Museum (Sommer Di–So, Winter Mi–So 11–17 Uhr | Eintritt 8 Euro | Gustav Wasas gata 11 | ektamuseum.fi).*

Für einen Ausflug in den Nationalpark *Ekenäs-Archipel*, ein Insellabyrinth vor der Küste, wo im Frühjahr Tausende Vögel brüten, buchst du am besten eine geführte Bootstour mit *Guide-Matti (max. 4 Pers. |70 Euro/Std. | guidematti.fi).*

EISENHÜTTENDORF FISKARS ★

Der Maschinist wollte 1967 nur Farbreste aufbrauchen, doch genau dieses Scherenmodell – zufällig mit einem orangefarbenen Griff – wurde der Renner (über 1 Mrd. verkauft). Heute arbeiten in den alten Gebäuden des Fiskars-Konzerns Kreative aller Art und verkaufen Designprodukte, Kunsthandwerk und natürlich Fiskars-Scheren. Außerdem gibt es Cafés, Restaurants, eine Gin-Destillerie und Käserei, große Parkbäume. Jedes Jahr im Ok-

Hemd aus und ab in den feinen Sand am Strand Bellevue in Hanko

tober findet hier außerdem das Slow-Food-Festival statt. *fiskarsvillage.fi* | *2 Std.*

ESSEN & TRINKEN

Vor allem in den Gemeinden Ekenäs und Karis findest du eine tolle Auswahl an Restaurants und Cafés:
Im *Café Gamla Stan (Mitte April–Anf. Sept. tgl. | Saunakatu 5 | Ekenäs | Tel. 05 05 56 16 65 | cafegamlastan.fi)* fällt dir im Garten schon mal ein Apfel auf den Kopf, aber der Kuchen ist das Risiko wert. Das Sommerrestaurant *Knipan (Mai–Aug. tgl. | Strandallén | Ekenäs | Tel. 0 19 24 11 69 | knipan.fi | €€)* wurde einfach frech auf Pfähle ins Meer gestellt, nachdem es an Land keine Konzession erhielt. So geht das in Finnland!

In Karis ist *Köttkontrollen (Mo/Di geschl. | Skolgatan 10 | Tel. 0 19 23 37 00 | kottkontrollen.com | €€–€€€)* ein Gastropub-Meatbar-Mix im Backsteinwürfel für bewusste Fleischesser. Regional ist Trumpf, auch bei Getränken und Roggenbrot. Die Locals findet man bei Bier und Burger im Selfmadepub und Kunstcafé *Serendipity (Di–Do 15–0, Fr/Sa 12–2, So 12–0 Uhr | Köpmansgatan 30 | Tel. 0 19 23 68 72 | serendipity.fi)*.

INSIDER-TIPP
Szenetreff

SPORT & SPASS

Die längeren Kajaktouren von *Melontatehdas Ekenäs (ab 30 Euro | Wegbeschreibung nach Buchung | Tel. 040 04 11 99 22 | paddlingsfabriken.fi)* sind nichts für schlappe Armmuskeln, aber zum Glück gibt's auch kürzere, um das Schärenparadies zu genießen.

RUND UM RASEBORG

7 HANKO ★

35 km von Ekenäs/40 Min. mit dem Auto auf der 25

Auch wenn dir Klima und 30 km feinsandiger Strand spanisch vorkommen, dies ist Finnland! Schon in der Zarenzeit war Hanko Sommerfrische für die Hautevolee. Im *Regatta-Spa (tgl. | ab 25 Euro | regattaspa.fi)* lebt diese Luxus-Wellness-Tradition weiter. Zeitzeugen sind die prachtvollen Jugendstilholzvillen an der Uferpromenade. 4 km zu Fuß läufst du ins Restaurant *Neljän Tuulen Tupa (Mai–Mitte Juni an den Wochenenden, Mitte Juni–Anf. Sept. tgl. 10–17 Uhr | Neljäntuulenkuja | Tel. 01 92 48 14 55 | €–€€)*. Im Hafen solltest du bei *På Kroken (Juni–Aug. tgl. 11–21, sonst Mo–Fr 11–14 Uhr | Tel. 04 03 58 18 15 | €€)* Fisch probieren und am Strand Bellevue den feinen Sand genießen. *D14*

8 MATHILDEDAL

50 km von Tammisaari 50 Min. via 52, 183, Soilantie

Idylle im Überfluss bietet das Dörfchen an einer Meeresbucht neben dem Teijo-Nationalpark. Die Wolle der dorfeigenen Alpakaherde wird in der *Handweberei (Di–So 11–17 Uhr | Ruukinrannantie 6)* verarbeitet, im Restaurant *Terho (Fr/Sa 12–2, So 12–18 Uhr | Matildan Puistotie 4 | €)* wird Dorfbier gebraut, die Scholodadenmanufaktur *PetriS Chocolate (Mai–Sept. tgl. 11–16.30, Fr 11–19 Uhr, Okt.–April Do–So 11–16 Uhr | Tullintie 17)* verkauft Süßes und serviert es im angeschlossenen Café, am Hafen wird frischer Fisch gegrillt, und die Kuchen im Café *Matilda (Ruukinrannantie 8 | Tel. 05 03 54 24 87 | mathildedal.fi | €€)* sind unwiderstehlich lecker. *visit mathildedal.fi | D14*

SCHÖNER SCHLAFEN IN HELSINKI & SÜDKÜSTE

IM ZIRKUSWAGEN

Den von der Künstlerin Sandra Perez liebevoll bemalten Zirkuswagen willst du gar nicht mehr verlassen. Im *Cirkus Hostel Holken (20 Betten | Juni–Aug. | Tel. 05 05 66 69 20 | Ingarskilantie 14 | Tähtelä | juhlata loholken.fi/cirkus-hostel-holken | €)* findest du aber auch hübsche Hütten, leckeres Essen und Brettspiele zum Zeitvertreib. Man fühlt sich sofort als Teil einer großen Familie.

SCHWIMMEN MIT AUSSICHT

Im *Clarion Hotel Helsinki (425 Zi. | Tyynenmerenkatu 2 | Tel. 01 08 50 38 20 | nordicchoice hotels.com | €€–€€€)*, dem höchsten Hotel der Hauptstadt, sitzt du in der Eingangshalle auf Original-Tank-Sesseln von Alvar Aalto, das Schwimmbad mit Glasboden ist auf dem Dach. Nichts für schwache Nerven! Danach ist auf jeden Fall ein Drink fällig im *Sky Room*.

WESTFINNLAND

FÄHREN, SCHÄREN & HOLZHAUSIDYLLE

Seit dem Ende der Eiszeit hebt sich im Westen Finnlands, vom Gewicht der Eismassen befreit, beständig neues Land aus dem Meer. Die Buchten und Inselchen sind ein einzigartiger Lebens(t)raum für Seevögel, Robben und Meerestiere – und ein beliebtes Urlaubsziel.

Kein Wunder, denn die Region punktet nicht nur mit den meisten Sonnenstunden Finnlands, sondern auch mit schönen Sandstränden, guten Fischrestaurants und den ältesten Städten Finnlands:

Mit Volldampf voraus? Auf den Åland-Inseln geht es eher geruhsam zu

Turku entstand im 13. Jh., Rauma und Naantali im 15. Jh., Pori im 16. Jh., und in den folgenden 100 Jahren kamen viele weitere Orte hinzu, darunter altehrwürdige wie Oulu, Vaasa und Uusikaupunki. Das flache Küstenvorland ist die Kornkammer Finnlands, mehr als 200 Biohöfe produzieren hier. Dort erwartet dich ein Landstrich mit Waldstücken, breiten Flüssen und Bauernhäusern inmitten ausgedehnter Felder.

WESTFINNLAND

MARCO POLO HIGHLIGHTS

★ **ÅLAND-INSELN**
6500 entspannte schwedischsprachige finnische Inseln ➤ S. 70

★ **KASTELHOLMS SLOTT**
Ehemalige Residenz der schwedischen Könige ➤ S. 71

★ **SCHÄRENGEBIET DER KVARKEN (KVARKEN ACHIPELAGO)**
Hier wächst Neuland aus dem Meer ➤ S. 75

★ **NAANTALI**
Holzstädtchen mit Sommerresidenz des Präsidenten und Themenpark Muminland ➤ S. 70

★ **BURG TURKU (TURUN LINNA)**
Die älteste mittelalterliche Burg Finnlands hat eine bewegte Geschichte ➤ S. 66

★ **HANDWERKSMUSEUM LUOSTARINMÄKI**
In Turku leben alte Handwerkskünste in 30 Originalwerkstätten weiter ➤ S. 66

★ **RAUMA**
Die größte historische Holzstadt Skandinaviens zählt zum Weltkulturerbe ➤ S. 75

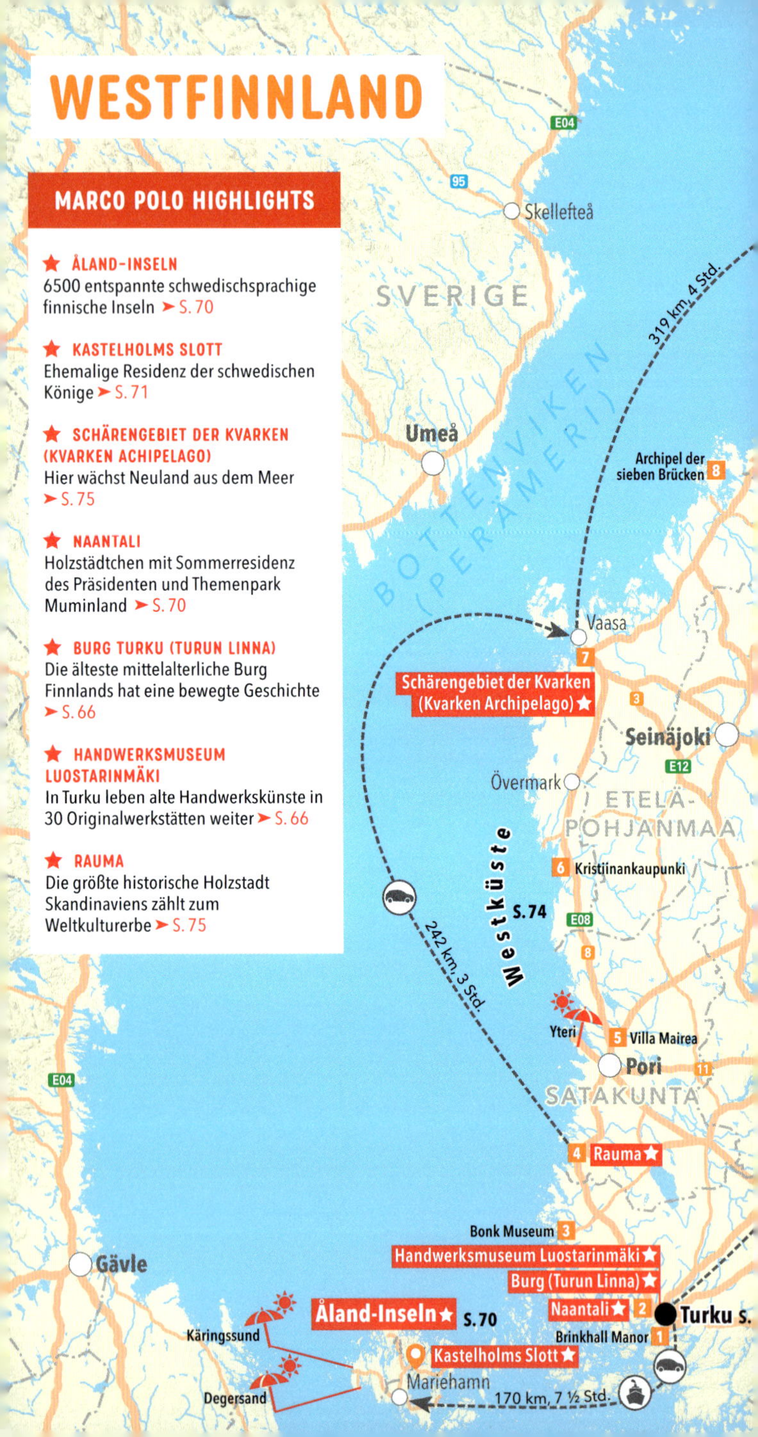

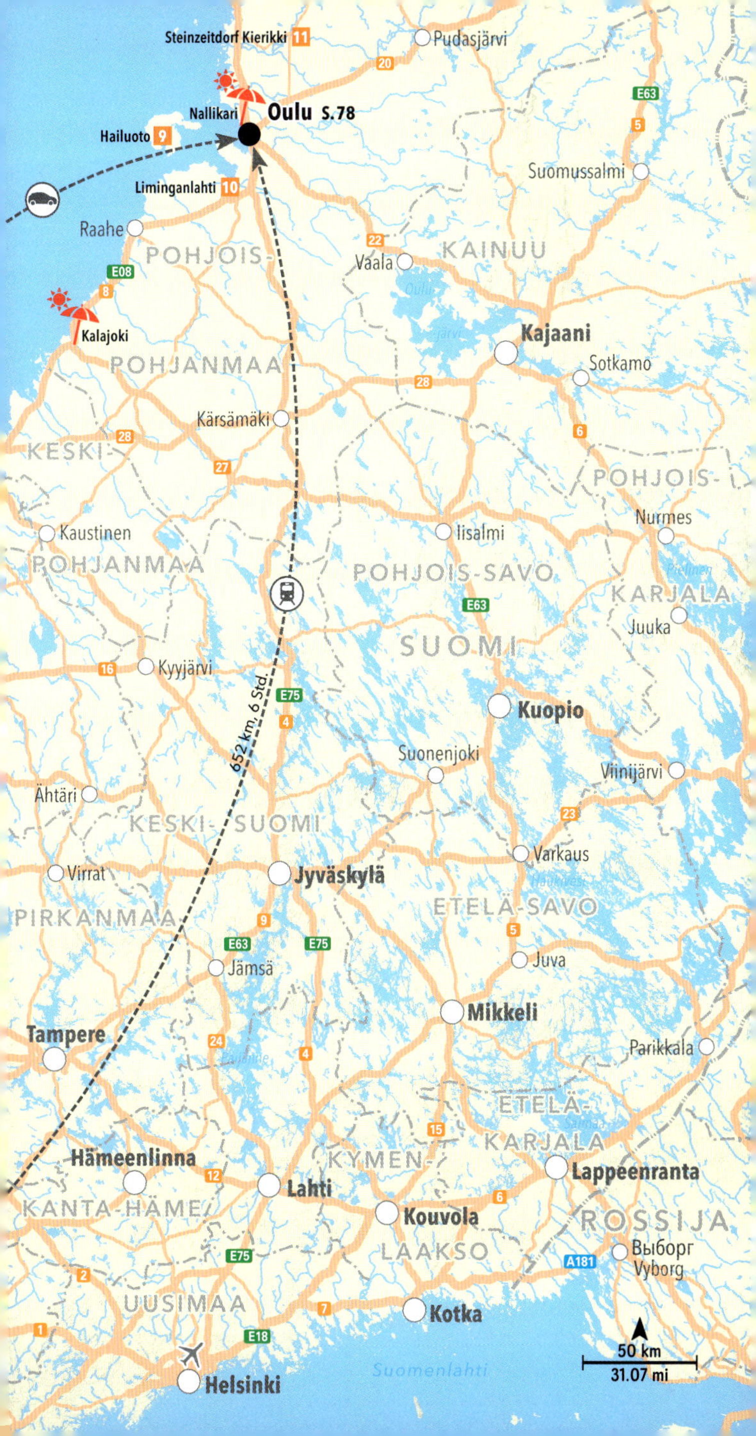
Steinzeitdorf Kierikki 11
Pudasjärvi
Nallikari
Oulu S.78
Hailuoto 9
Liminganlahti 10
Suomussalmi
Raahe
POHJOIS-
Vaala
KAINUU
Kalajoki
Kajaani
Sotkamo
POHJANMAA
Kärsämäki
KESKI-
Kaustinen
Iisalmi
Nurmes
POHJOIS-
POHJANMAA
POHJOIS-SAVO
KARJALA
Juuka
SUOMI
Kyyjärvi
Kuopio
652 km, 6 Std.
Suonenjoki
Viinijärvi
Ähtäri
KESKI-SUOMI
Varkaus
Virrat
Jyväskylä
ETELÄ-SAVO
PIRKANMAA
Jämsä
Juva
Mikkeli
Tampere
Parikkala
ETELÄ-
KARJALA
KYMEN-
Hämeenlinna
Lappeenranta
Lahti
KANTA-HÄME
Kouvola
ROSSIJA
LAAKSO
Выборг
Vyborg
UUSIMAA
Kotka
Helsinki
Suomenlahti
50 km
31.07 mi

TURKU

D13 **Umgeben von Inseln und Schären breitet sie sich aus: die charmante und lebendige Universitätsstadt Turku, schwedisch Åbo.**

Der russische Zar hat sie einfach abserviert, die älteste, größte und damals wichtigste Stadt Finnlands. Er wählte 1812 Helsinki zur Hauptstadt für sein Großfürstentum. Åbo war ihm zu schwedisch, und zu weit weg von St. Petersburg. Als nach dem Großbrand 1827 auch noch die Universität nach Helsinki verlegt wurde, war Turku bis ins Mark getroffen. Inzwischen hat sich die Stadt (184 300 Ew.) von dem Schock erholt und beweist Humor. Turkus offizielles Maskottchen namens *Posankka*, ein Fabelwesen mit Schweinekopf und Entenpürzel, ist sehr fotogen. Die Statue in Knallrosa wirbt für den Gewässerschutz direkt an der E18 nach Helsinki.

INSIDER-TIPP **Selfie mit Entenschwein**

2011 war Turku Kulturhauptstadt Europas, die Werft baut die größten Kreuzfahrtschiffe der Welt. An den Ufern des Aura-Flusses dümpeln Restaurantschiffe, die Stadt ist gesegnet mit historischen Kulturschätzen und einer malerischen Schärenküste. Fährverbindungen gibt es nach Åland, Schweden und Tallinn.

SIGHTSEEING

BURG (TURUN LINNA) ★

Du wolltest schon immer mal wissen, wie schwer eine Ritterrüstung ist? Probier es im Rittersaal selbst aus! Diese kompakte, toll restaurierte Mittelalterburg von 1280 war über 500 Jahre das Zentrum der schwedischen Machthaber in Finnland, und alle haben ihre Spuren hinterlassen. Mach dich auf viele Stufen, faszinierende Geschichten und eine sorgfältige Ausstellung gefasst. Eine Führung lohnt sich! *Juni–Aug. tgl., sonst Di–So 10–18 Uhr | Eintritt 12 Euro, Kinder 7–15 J. 5 Euro | Linnankatu 80 | turku.fi/en/turkucastle | 2–3 Std.*

DOM (TUOMIOKIRKKO)

Die mächtige evangelische Kirche ruht auf katholischen Fundamenten aus dem 13. Jh., trägt jedoch seit dem Großbrand 1827 die Handschrift von Helsinki-Erbauer C. L. Engel. Bei einer virtuellen Tour kannst du die Gräber in der Gruft ihrer Ruhe berauben und dich schön gruseln *(citynomadi.com/route). Tgl. 9–18 Uhr | Eintritt frei, Museum 2 Euro | Tuomiokirkonkatu 1 | 30 Min.*

INSIDER-TIPP **Grabräuber**

HANDWERKSMUSEUM LUOSTARINMÄKI ★

War früher alles besser? Hier siehst du zumindest, wie es war, denn die 30 Originalwerkstätten blieben 1827 vom Feuer verschont. Wie früher wird hier gewebt, gedrechselt, getöpfert, sogar einen Geigenbauer gibt es. Du kannst zuschauen, mitmachen oder Produkte kaufen. *Mitte–Ende Mai und Sept. Di–So 9–17 Uhr, Juni–Aug. tgl. 10–18 Uhr | Eintritt 8 Euro, Kinder 7–15 J. 3 Euro | Vartiovuorenkatu 2 | turku.fi/kasityolaismuseo | 4 Std.*

Pass auf, dass du im Burghof von Turku keine Nackenstarre bekommst!

UFERPROMENADE (LÄNTINEN RANTAKATU)

Hier findest du das älteste Holzhaus mit zauberhaftem *Apothekenmuseum (Juni–Mitte Sept. Di–So 10–18 Uhr | Eintritt 6 Euro, Kinder 7–15 J. 2 Euro | Nr. 13)*, Galerien, unzählige Restaurants und das Meereszentrum *Forum Marinum (Juni–Aug. tgl., sonst Di–So 11–19 Uhr | 2-Tageskarte inkl. 4 Museumsschiffe 16 Euro | forum-marinum.fi)* mit Museumsschiffen. Eins davon, die *Pikkuföri*-Fähre, bringt dich ans andere Ufer, wo du auf der Itäinen Rantakatu an den Restaurantschiffen vorbei zum Museum *Aboa Vetus & Ars Nova (tgl. 11–19 Uhr | Eintritt 11 Euro | Nr. 4–6)* gelangst, einer Mischung aus Kunstgalerie und Ausgrabungsstätte.

TURKU KUNSTMUSEUM (TURUN TAIDEMUSEO)

Im mächtigen Jugendstilgebäude (1904) mit holzgetäfelten Treppenstufen erwarten dich finnische Werke aus der goldenen Zeit und hochkarätige Ausstellungen moderner und zeitgenössischer Kunst. *Di–Fr 11–19, Sa/So 11–17 Uhr | Eintritt 12 Euro | Aurakatu 26 | turuntaidemuseo.fi | 2 Std.*

ESSEN & TRINKEN

Abnehmen? Kannst du vergessen! In Turku tobt die Food-Szene, doch mit der Food-Walk-Karte *(visitturku.fi/en/turku-food-walk)* hast du drei Tage Zeit, um dir für 48 Euro (ohne Getränke) in fünf von zehn tollen Restaurants eine

Kostprobe abzuholen. Unbedingt auch die alte Markthalle besuchen und dort den „Kiss My Turku" (Blaubeer-Schoko-Käsekuchen) der *MBakery (Mo–Sa ab 8 Uhr | Eerikinkatu 16)* probieren. Die *M/S Ukkopekka (Mitte Mai–Anf. Sept., Di–So, Mai Mi–Sa 19–23 Uhr | Ticket 48 Euro | Martinsilta-Anleger am Aurajoki | ukkopekka.fi)* schippert zum Schärenbüfett auf die Mini-Insel Loistokari, inkl. Musik, tanzender Finnen und Lagerfeuer.

TIIRIKKALA

Hell und skandinavisch eingerichtet, findest du zu jeder Tageszeit das passende Essen und eine gemütliche Ecke. Abends Livemusik. *Di–Do 11–22, Fr/Sa 11–1, So 12–16, Mo 19.30-23.30 Uhr | Linnankatu 3 | Tel. 04 47 56 61 60 | tiirikkala.fi | €€*

SHOPPEN

KUI-DESIGN

INSIDER-TIPP
Originelle Frauenpower

Ungewöhnliche Mitbringsel wie Parkscheiben aus Holz und Reflektoren wurden von finnischen Designerinnen in Turku entworfen und gefertigt. *Mo–Fr 11–18, Sa 11–15 Uhr | Kristiinankatu 6 | kuidesign.fi*

PUF

Concept Store mit über 50 finnischen Designbrands, große Auswahl auch für Männer. *Mo–Fr 11–18, Sa 11–16 Uhr | Linnankatu 6 | pufstore.com*

KAISLA

Kleidung aus Naturmaterialien ohne „Müslicharme", superangenehme Unterwäsche, Babysachen und mehr. *Mo–*

Plan heute: Erst durch die Schären segeln, dann auf der Veranda in der Sonne sitzen

Fr 10–18, Sa 10–15 Uhr | Aninkaistenkatu 12 | kaislamyymala.fi

SPORT & SPASS

LÅNA-PICKNICKBOOT

Selbst der Captain sein! Mit gefülltem Picknickkorb aufs kleine Elektroboot und dann von Låna den Aurafluss entlanggleiten. Lautlos und umweltbewusst oder dank Bluetooth mit deiner Lieblingsmusik. Bis acht Personen. *Wetterabhängig Mai–Sept. | 1–3 Std. | Ticket 59/ 99/129 Euro | Linnankatu 1 | Tel. 04 49 76 62 61 | lanaturku.fi*

SEGELN

Solange du nicht seekrank wirst, gibt es nichts Schöneres als eine Segeltour durch die Schären mit einem netten finnischen Kapitän. *Mai–Sept. auf Anfrage | 10 Std. | Ticket 125 Euro | de.doerz.com/naantali/sailing-in-archipelago?list_id=6*

WELLNESS

800 ha Inselerholung auf Ruissalo. Wozu davon träumen? Hin! Mit Bus Nr. 8 (vom Marktplatz), Wasserbus Föli (Martinsilta) oder per Fahrrad. Es geht über die Brücke und dann zum Strand, in den *Botanischen Garten (tgl. 8–20 Uhr | Eintritt frei, Gewächshäuser tgl. 10–17 Uhr | Eintritt 6 Euro)*, zum Golfen *(Greenfee 60–70 Euro)* oder ins *Spa (tgl. | So–Fr für 2 Std. | Eintritt 15 Euro, Sa 17 Euro | ruissalospa.fi)*. Mitte Juli ist jedoch Gehörschutz angesagt. Beim Rockfestival *Ruisrock (ruisrock.fi)* mit seinen 90 000 Besuchern wird die Idylle erschüttert.

AUSGEHEN & FEIERN

WALO ROOFTOP BAR

Auch Turku hat jetzt endlich eine Bar auf dem Dach für jedes Wetter. *Mo–Fr ab 14, Sa/So ab 12 Uhr | Sokos Hotel Wiklung | Eerikinkatu 11*

DYNAMO

Unten läuft Indie-Pop, Elektro und Rock 'n' Roll, oben vor allem Soul, Funk und Disco. Gute Livegigs von einheimischen „Stars". *Di–Sa 22–5 Uhr | Linnankatu 7 | dynamoklubi.com*

PANIMORAVINTULA KOULU

Feste Größe für einen netten Abend mit gutem Essen und Bier, Johannisbeer- oder Apfelwein. Neben Spezialbieren vier saisonale Gerstensäfte. *Di–So ab 11 Uhr | Eerikikatu 18*

RUND UM TURKU

1 BRINKHALL MANOR

18 km von Turku/30 Min. per Auto auf der 1821 oder 1 Std. per Bus 15 ab Marktplatz Haltestelle T42

INSIDER-TIPP **Filmerprobt**

Ein Ausflug für Romantiker in die Scheinidylle adliger Vergangenheit: Allen Finnen ist dieser Gutshof aus der TV-Serie *Hovimäki* bekannt. *Café Di–Fr 12–17, Sa/So 12–16 Uhr | Führungen Anf. Juni–Mitte Aug. Di–So 13 und 15 Uhr 9,50 Euro | Brinkhallintie 414 | brinkhall.fi | reittiopas.foli.fi | 3 Std. | C13*

Mein Haus, mein Boot, meine Åland-Insel

2 NAANTALI ★

16 km von Turku/20 Min. per Auto auf der 185/E18

Was man in diesem Holzstädtchen (19 000 Ew.) mit lebhafter Uferpromenade macht? Genau das Gleiche wie der finnische Präsident: Sommerurlaub. Seine Sommerresidenz *Kultaranta (Führung Juni–Mitte Aug. Di–So 14 und15 Uhr | Eintritt 13 Euro)* liegt auf der Insel Luonnonmaa vor der Stadt. Im Park blühen im Sommer 3500 Rosenstöcke *(Führungen Juni–Anf. Sept. Di–So 14 und15 Uhr | Eintritt 13 Euro | Tickets: visitnaantali.com).* Der Themenpark Muminland *(tgl. Juni–Anf. Aug. 10–18 Uhr, Mitte–Ende Aug. 12–18 Uhr | Eintritt 30 Euro online, Kinder unter 2 J. frei | Kaivokatu 5 | muumimaailma.fi | 1 Tag)*, das finnische Disneyland, ist ein Muss für den einheimischen Nachwuchs. *C13*

ÅLAND-INSELN

B–C 13–14 **Ein schlitzohriger finnischer Kapitän, so geht das Gerücht, soll schuld daran sein, dass die rund 6700 ★ Åland-Inseln im bottnischen Meerbusen mit rein schwedischsprachiger Bevölkerung heute zu Finnland gehören.**

Er schipperte bei der Besichtigung des Völkerbundes 1921 eine Route, die den Anschein erweckte, als läge Finnland näher dran. Selbstverwaltet und mit zahlreichen Sonderrechten ausgestattet, wie einer eigenen Flagge und Briefmarken, sind die Insulaner autonom und seit 160 Jahren auch entmilitarisiert. Darum findest du hier mit Sandstränden, Felseninseln, einer artenreichen Natur und dem unausweichlichen Element Ostsee nicht nur Ruhe, sondern auch eine friedliche Gelassenheit bei den Gastgebern, die ansteckend ist.

Du kannst die Inselgruppe mit dem Flugzeug ansteuern, doch eine Anreise per Schiff ist besser geeignet, dich auf die massive Entschleunigung des Insellebens einzustimmen. Die Reedereien *Eckerö Linjen, Tallink Silja* oder *Viking Line* fahren ab Helsinki, Turku, Stockholm oder Tallinn. Alternativ kannst du mit Nahverkehrsfähren eine Nordroute ab Ösnäs wählen oder auf einer Südroute ab Galtby anreisen. Autos musst du vorab bei den Fährbetrieben telefonisch anmelden: *Mo–Fr 9–17 Uhr | Tel. 018525100 | alandstrafiken.ax*. Aber am besten steigst du gleich nach der Ankunft aufs Fahrrad, denn so erlebst du dieses Inselparadies am intensivsten.

SIGHTSEEING

INSELGEMEINDE KÖKAR

Weit draußen leben hier auf grauen Felsen nur 252 Einwohner, 150 Kühe, 200 Schafe, 60 Hühner, 2 Pferde und 11 Hunde. Im Sommer ist auf dem *Campingplatz Sandvik, dem Seglerhotel Brudhäll* und der *Ökobäckerei & Bistro Skärgårdsbröd (tgl. | Karlby | Tel. 0406647878 | skargardsbrod.ax)* viel Leben. Noch weiter draußen liegt die urige Felseninsel *Kälskär*, auf der Baron Åkerhielm seinen Traum vom Design-Blockhaus mit mediterranem Garten verwirklichte. Mumin-Erfinderin Tove Jansson war regelmäßig zu Gast. Also ab aufs Boot *(Mitte Juni–Anf. Aug. 13 Uhr | Boot ab Brudhäll, Karlby | Ticket 30 Euro). kokar.ax* | *C14*

KASTELHOLMS SLOTT ★

Die Burgruine (14. Jh.) in Sund ist die meistbesuchte Sehenswürdigkeit Ålands. Nimm ab Mariehamn statt der Schnellstraße 2 den malerischen „Godbyvägen" an der alten Kirche in Jomala vorbei bis zum Aussichtscafé *Uffe på berget (Mai tgl. 10–17 Uhr , Juni–Aug. 10–20 Uhr | Sundsvägen | Finnström | Tel. 0457343468)*. Kartoffelchips-Fan? Dann fahr noch am Outlet der *Taffel-Chipsfabrik (Do–Sa 11–17 Uhr | Sundsvägen 420)* vorbei – und schon ragt die Burg, von Wassergräben umflutet, herrlich fotogen in die Landschaft. *Juli tgl. 10–18 Uhr, Mai–Mitte Sept. 10–17 Uhr | Eintritt 8 Euro | Sund | kastelholm.ax*.

Angeschlossen sind das *Gefängnismuseum Vita Björn* und das *Freilichtmuseum Jan Karlsgården (Mai–Sept. tgl. 10–17 Uhr | Eintritt frei)*, wo du an Mittsommer beim Schmücken des traditionellen Johannesbaums helfen und bis spät in die Nacht mitfeiern kannst.

INSIDER-TIPP **Picknick in der Festung**

Deck dich in Sund mit Brot und Käse für eine Zwischenmahlzeit in den Überresten der riesigen Festungsanlage *Bomarsund (10 km weiter)* ein.

Bei *Baka! (Mo–Sa | Tosarbyvägen 5 | baka.ax)* gibt's leckeres Brot, bei *Mattas Gårdsmejeri (Mittsommer bis 11. Aug. 11–17 Uhr | Norra Finbyvägen 8 | Tel. 0457342 5844 | mattas.ax)* guten Biokäse. Die Ruine ist frei zugänglich und bietet schöne Ausblicke aufs Meer. Als „Gibraltar des Nordens" von den Russen zur Beherrschung des Ostseeraums geplant, wurde sie im Krimkrieg 1854, noch unfertig, gleich wieder zerstört. Ihre Ziegel wurden für den Bau der Uspenski-Kathedrale in Helsinki recycelt. *4 Std.* | *B13*

MARIEHAMN

Das Hauptstädtchen, in dem 11 700 der 28 000 Åländer leben, verwandelt sich dank des Fährverkehrs jeden Sommer in eine betriebsame kleine Vergnügungsmetropole, die du nach einer Stunde Radtour wie deine Westentasche kennst. Das *Seefahrts-*

museum (tgl. Juni–Aug. 11–17 Uhr, Sept.–Aug. 11–16 Uhr | Eintritt 14 Euro inkl. Museumsschiff, 7–17 J. 8 Euro | Hamngatan 2 | sjofartsmuseum.ax) hat ein spannendes Highlight: das *Museumsschiff Pommern (nur Mai–Sept).* Der letzte im Originalzustand erhaltene Viermastsegler der Welt (1903) überholte als fliegender Getreidetransporter zwischen Australien und England noch bis 1940 sogar die Dampfschiffe.

Im *Seefahrtsviertel Sjökvarteret* riecht es nach Teer. Hier werden alte Schiffe nachgebaut und Handwerkstraditionen gepflegt. Im Viertel findest du auch ein *Bootsmuseum (Juni–Mitte Aug. tgl. 10–16 Uhr, sonst auf Anfrage | Eintritt 4 Euro)*, das *Kunsthandwerkerhaus Salt (Mo–Fr 10–17, Sa 10–14, Juli Mo–Fr 10–18, Sa 10–15, So 11–14 Uhr)* und geniales *plåtbröd* (Pizza) im *Pub Niska (Juni–Mitte Aug. tgl. 11–21, Mitte Aug.–Ende Sept. Mo–Sa 11–19, So 15–20 Uhr | Tel. 01 81 91 51 | €).* *B14*

ESSEN & TRINKEN

Dank des milden Seeklimas findest du im Sommer Hofläden und Landcafés in den abgelegensten Winkeln. Öffnungszeiten sind nicht selten als Richtwerte gemeint, bleib also gelassen. Probier süßes Schwarzbrot und Pfannkuchen, dafür ist Åland nämlich u. a. bekannt. Netter Stopp auf einer Radtour ist *Amalias Limonadfabrik (Juni–Mitte Aug. tgl. 11–17 Uhr | Lemlandsvägen 1868 | Tel. 04 07 21 58 88).*

BAGARSTUGAN CAFÉ & VIN

Hier solltest du Mittagessen und Kuchen einplanen oder du musst noch mal wiederkommen. Seit Jahren zuverlässig gute Futterstelle in einem schönen, alten Holzhaus, mit kleinen, gemütlichen Räumen und Sommer-

Angst, nicht die Kurve zu kriegen? Bei einer organisierten Paddeltour kann nix schiefgehen

terrasse. *So geschl. | Ekonomiegatan 2 | Mariehamn | Tel. 01 81 98 80 | €€*

GLADA LAXEN

Hinkommen ist ein echtes Schärenabenteuer! Mit der Fähre geht es nach Kumlinge, dort kannst du dich abholen lassen. Belohnt wird man mit superleckeren Fischgerichten, Sonnenterrasse und Rundumblick vom 40 m hohen Turm der ehemaligen Küstenwache. *Juni/Aug. tgl. 14–21 Uhr, Juli 8–22 Uhr | Bärö | Kumlinge | Tel. 01 85 53 04 | gladalaxen.com | €€*

SMAKBYN

Die kreative Spielwiese von Starkoch Mike Björklund. Das 7-Gänge-Menü brennt ein Loch in deine Urlaubskasse, aber besser kann man Åland-Zutaten kaum zubereiten. Das Mittagessen ist günstiger. Mit Hofladen und Schnapsbrennerei. *Aug.–Juni Mo–Sa mittags ab 11 Uhr, Juli tgl. 11.30–15.30 und ab 16.30 Uhr | Slottsvägen 134 | Kastelholm | Tel. 01 84 36 66 | smakbyn.ax | €€€*

SOLTUNA

Bevor du dich hier niederlässt und die Aussicht von den höchsten Felsen Ålands genießt, heißt es Kalorien verbrennen: beim Klettern auf dem „Trollstigen" zu den Trollhöhlen. *Mitte April–Mitte Sept. tgl. | Getabergsvägen | Geta | Tel. 01 84 95 30 | €–€€*

SHOPPEN

Tolle Produke von kreativen Insulanern verkauft *Viktor's Craft & Design (Torggatan | Mariehamn | viktor.ax)*, z. B. Recyclingmode von Labelled und liebenswerte „Schrottkunst" von Little BBQ's Junk Art. Das Blomman-Design der Goldschmiede *Guldviva (Sjökvarteret | Mariehamn)* ist zum Symbol für Åland geworden.

SPORT & SPASS

Auf den Inseln gibt es Kajak- und Bootsverleih, Parasailing, Kitesurfen oder Beachvolleyball, Tennis und Reiten, Angelführungen und Robbensafaris. Doch das Wichtigste ist ein Fahrrad. Oft stellt die Unterkunft eins, falls nicht, gehst du zu *Ro-No-Rent (Juni–Aug. tgl. | ab 12 Euro/Tag | Havsgatan 29 | Mariehamn | Tel. 01 81 28 20 | rono.ax/en)*.

INSIDER-TIPP **Auf Tauchstation**

Mehr als 500 Schiffe sind über die Jahre mit Mann, Maus und Fracht in den Schären untergegangen. Gut erhalten, sind sie heute ein Paradies für Wracktaucher. Tauchkurse und geführte Touren kannst du bei *Divealand (ab 120 Euro | Fiskehamnsvägen 2 | Mariehamn | Tel. 040 06 80 45 | divealand.com)* buchen.

BOOTSAUSFLÜGE

Winzig wirkt das alte Lotsenhäuschen auf *Kobba Klintar,* wenn die Riesenschiffe vorbeiziehen und am Horizont verschwinden. Das Nebelhorn funktioniert noch, nicht erschrecken. Mit dem Motorboot geht es ab dem *Yachthafen Korrvik* in Mariehamn *(Mitte Juni–Mitte Aug. tgl. 10.30 und 13 Uhr | Ticket 27 Euro | Tel. 045 73 42 05 38)* oder als organisierte Paddeltour *(Juli/Aug. Sa 10–17 Uhr | Ticket 95 Euro. | Tel. 01 81 47 57 | sgu.nu).*

STRÄNDE

Es gibt über 30 offizielle Sandstrände, zu den schönsten gehören *Käringssund* und *Sandviken.* Wildromantisch ist der abgelegene *Degersand* mit Ferienhütten (ganzjährig), Campingplatz, Sauna und *Restaurant Q (Mitte Juni–Mitte Aug. | Degersandsvägen 311 | Eckerö | Tel. 01 83 80 04 | degersand.ax/de | €€–€€€).*

AUSGEHEN & FEIERN

PUB & BRAUEREI STALLHAGEN

INSIDER-TIPP Flaschenpost

Beim Tauchen fand man 2010 in einem Wrack u. a. fünf Bierflaschen. Man extrahierte die Hefe, und die Brauerei braute das Bier nach. Jetzt kannst du neben lokalen Biersorten das Schiffswrackbier 1843 probieren, etwa bei einer Brauereiführung. Im Pub mit Sommerterrasse herrscht bei täglich wechselnden Gerichten gute Stimmung. *Tgl. | Getavägen 196 | Godby | Tel. 045 73 44 85 00 | stallhagen.com | €€*

WESTKÜSTE

C–D 9–13 **Von der Sonne verwöhnt ist die Westküste. Die Fischerdörfer und Hafenstädte gehören zu den ältesten Finnlands**

Die Ortschaften sind schwedisch geprägt und oft zweisprachig. Auf Nebenstraßen geht es durch Wälder, Wiesen und Felder, vorbei an Gewächshäusern und Bauernhöfen und über zahlreiche Flüsse.

ZIELE AN DER WESTKÜSTE

3 BONK MUSEUM

Ziemlich schrägen finnischen Humor erlebst du hier: Angeblich führten Sardellentreibstoff und die Erfindung von „funktionsunfähigen Maschinen" zum Aufstieg der einfachen Fischerfamilie Bonk zur multiglobalen Dynastie. Aha … Kinder haben jedenfalls großen Spaß daran, in der Werkstatt eigene Bonk-Maschinen zu bauen – ohne Lohn, aber „verschluckte Schrauben werden auch nicht berechnet". *Mitte Juni–Mitte Aug. tgl. 10–18 Uhr, Anf. Juni/Ende Aug. Do–Sa 11–15 Uhr | Eintritt 9 Euro, 4–12 J. 4 Euro | Siltakatu 2 | Uusikaupunki | bonkcentre.fi | 2 Std. | C13*

Rosarote Idylle in Rauma: Holzhaus an Holzhaus, und das zu Hunderten

4 RAUMA ★

Rauma (40 000 Ew.) ist gleich zweimal Spitze! Die *Altstadt (oldrauma.fi)* mit ihren Gässchen, 600 bewohnten Holzhäusern und 200 Lädchen gehört zum Weltkulturerbe, und bei der Ende Juli stattfindenden Spitzenwoche *Pitsiviikko* ist die „Nacht der schwarzen Spitze" besonders beliebt. Leckere *munkki* für unterwegs gibt's in der *KaffeBar (tgl. | Kunikaankatu 27 | kaffebar.fi | €). visit rauma.fi | C12*

5 VILLA MAIREA

Pilgerstätte für Alvar-Aalto-Fans ist die für das Industriellenehepaar Gullichsen entworfene Privatvilla in Noormarkku samt Privatsammlung moderner Kunst. *Mitte April–Mitte Aug. | Eintritt 30 Euro | Laviantie 4 | Noormarkku | 15 km nördl. von Pori | villa mairea.fi | 2 Std. | C12*

6 KRISTIINANKAUPUNKI

Ein Glück, dass Fortschritt und Feuer dieses Holzhausidyll (6600 Ew.) übersehen haben. Wahrzeichen der ersten „Cittaslow"-Gemeinde (entschleunigte Stadt) Finnlands ist der schiefe Turm der *Holzkirche*, der absichtlich gegen den Wind gelehnt wurde, damit er bei Sturm nicht umkippt. Falls du dich in den Sträßchen beobachtet fühlst, täuschst du dich wohl nicht. Denn die sogenannten Klatschspiegel an vielen Fenstern erlauben es, aus dem Schutz des Wohnzimmers heraus die Straße und vorbeilaufende Passanten heimlich zu beobachten. *visitkristinestad.fi | C11*

7 SCHÄRENGEBIET DER KVARKEN (KVARKEN ARCHIPELAGO) ★

Hier geht es um „Waschbrett-Moränen", die aus dem Meer wachsen. Das geologische Wunderland gehört zum Unesco-Naturerbe und ist ein Albtraum für Kartografen und Kapitäne. Jedes Jahr ragen dank der Landhebung plötzlich neue Felsen aus dem Wasser. Sehen kannst du die Kvarken vom Aussichtsturm *Saltkaret (frei zugänglich)* in Svedjehamn (Str. 742 ab Vaasa, über die superlange Replot-Brücke, dann Str. 7240 Replotvägen bis zum Hafen), oder du machst eine Bootstour *(ab Svedjehamn in Björköby | Dauer 4–5 Std. | kvarkenturer.fi)*. Das Naturmuseum in Vaasa *Terranova (Di–Do 11–18, Fr–So 11–16 Uhr | Eintritt 5 Euro | Museokatu 3 | pohjanmaanmuseo.fi)* weiß alles über die Kvarken. C10

Kanutour durch die Kvarken: Ragt da ein neuer Fels aus dem Wasser?

8 ARCHIPEL DER SIEBEN BRÜCKEN

Die Landstraße 749 führt über sieben Brücken 40 km von *Jakobstad* (Pietarsaari, 19 500 Ew.) nach Karleby (Kokkola, 47 000 Ew.). Beide Städte sind bekannt für ihre denkmalgeschützten Holzhausviertel Skata bzw. Neristan. 8 km südwestlich von Jakobstad liegt das *Nanoq Arctic Museum (Juni–Aug. tgl. 11–18 Uhr | Eintritt 10 Euro, Kinder 5 Euro | Pörkenäsvägen 58 | nanoq.fi)*. Dort erfährst du in 18 Gebäuden alles über die indigenen Kulturen der Arktik. Ein schöner Abstecher ins Hinterland führt auf dem Öjantie zum *Café Bryggan (Mitte Mai–Mitte Aug. tgl. | Öjantie 454 | cafebryggan.fi/laiturikahvila | in Öja links nach Bodö abbiegen, 4 km)* mit Badestrand. D9

INSIDER-TIPP
Ans Ende der Welt

ESSEN & TRINKEN

GASTHAUS POOKI

Hier gibt es Slowfood: saisonal, regional, preisgekrönt und mit flotter Bedienung. *Mo–Do 11–21, Fr 11–22, Sa 12–22, So 12–17 Uhr | Ylinenkatu 21 | Uusikaupunki | Tel. 0443477105 | ravintolapooki.fi* | €€ | C13

WANHAN RAUMAN KELLARI

Schick verputzter Mix aus Kartoffelkeller und Luftschutzbunker in Rauma, mit rustikaler Atmosphäre und ausgefeilten finnischen Gerichten. Sommerterrasse auf dem Dach. *Mo 11–22, Di–Sa 11–23, So 12–22 Uhr | Anundilankatu 8 | Tel. 028666700 | wrk.fi* | €€ | C12

JUNGMAN
In diesem Lokal in Kristiinankaupunki hast du draußen wie drinnen geniale Aussicht und genießt Slowfood mit Pep. Nicht verpassen! *Tgl. | Merikatu 8 | Tel. 04 00 23 43 89 | Facebook: JungmanKRS | €€ | C11*

1H+K
Moderne und so richtig gute finnische Bistroküche in Vaasa. *So geschl. | Hovioikeudenpuistikko 13A | Pentik | 1. Etage | Tel. 05 05 66 83 38 | Facebook: 1HKeittio | €€€ | C10*

STRAMPEN
Das Sommerrestaurant mit Meerblick in Vaasa ist seit 1868 eine feste Größe für hungrige Mägen und gesellige Leute. *April–Dez. tgl. | Rantakatu 6 | Tel. 04 14 51 45 12 | €€ | C10*

SHOPPEN

TARULIINA
Perfekte Gutes-Gewissen-Andenken, da 100 Prozent in Finnland und aus Recyclingmaterialien gefertigt. *Mo–Fr 10–17, Sa 10–14 Uhr | Kuninkaankatu 7 | Rauma | Taruliina.fi | C12*

PITS-PRIIA
One-Stop-Shop für exquisite traditionelle Spitze in Rauma, der Hochburg der Spitzenklöppelkunst. Du kannst auch beim Klöppeln zusehen. *Mo–Fr 10–15, Sa 10–14 Uhr | Kauppakatu 29 | Rauma | C12*

LOFTET
Kreatives Outlet für lokale Designer und HandarbeiterInnen in einem Holzhaus in Vaasa. Ob die Unterhosen mit Vaasa-Stadtplan wirklich praktisch sind, darüber lässt sich streiten. *Di–Fr 11.30–17, Sa 10–15 Uhr | Raastuvankatu 28 | loftet.fi | C10*

SPORT & SPASS

TANKAR
Bei der Überfahrt mit der *M/S Jenny* schnupperst du ordentlich Seeluft. Auf der Leuchtturminsel vor Kokkola erwarten dich dann Vögel, Spaziergänge und im Café eine delikate Lachssuppe. *Juni–Mitte Sept. versch. Tage | Ticket 20 Euro, Juli 25 Euro | short.travel/fin11 | D9*

VELHOVEDEN KIERROS
Die 50 km dieser Radtour von Uusikaupunki kannst du zwar an einem Tag abstrampeln, aber bei so viel Idylle, Geschichte und Abstechern verteilst du das besser auf zwei Tage. *E-Bikes und alle Infos: uusikaupunki.fi/velhovedenreitti/palvelut/en.html | C13*

TROPICLANDIA
Dieser Wasserpark in Vaasa hat genug Rutschen, Wellen, Saunen und Spa-Angebote für den ganzen Tag. *Tgl. | Eintritt 17 Euro, Kinder 12 Euro | Sommarstigen 1 | Vaskiluoto | Facebook | C10*

STRÄNDE

KALAJOKI
Der Geburtsort des Nordic Walking mutiert im Sommer zum 10 km langen Sandparadies mit Partymeile. Die

Restaurants überbieten sich dann mit Livemusik, Karaoke, Food & Drinks und Tanz. *visitkalajoki.fi* | *D9*

YTERI

Kaum zu glauben, aber er ist echt: 6 km feinsten, weißen Sand, umrahmt von Dünen, Seegras und Kiefernwald, bietet der Stadtstrand von Pori. Auf 15 Plattformen kannst du Watvögel beobachten oder am Nordende Windsurfen *(Mitte Mai–Ende Aug. | 35 Euro | Sipintie 1 | surfkeskusyyteri.fi). visityyteri.fi* | *C12*

AUSGEHEN & FEIERN

BEERHUNTERS

Mikrobrauerei des preisgekrönten Muflon-Biers: Der Pub in Pori ist ein Paradies für Bierfans und Liebhaber lokalen Kneipenkolorits. *Tgl. 11–2 Uhr | Antinkatu 11 | Pori | beerhunters.fi* | *C12*

DOO-BOP CLUB

Jazz, Blues, Funk, Country, Pop und Rock – egal welche Musikrichtung, alles live und gut, nette Leute und non-profit. *Fr/Sa 19–24 Uhr | Kauppapuistikko 12 | doobop.fi* | *C12*

OULU

E8 **Oulu ist deine letzte Chance, ins urbane Leben einzutauchen, bevor es in die lappländische Einsamkeit geht.**

Die Provinzhauptstadt (195 000 Ew.) hat sich mit einer Pechsträhne eine goldene Nase verdient, denn im 19. Jh. war Oulu einer der wichtigsten Exporthäfen für Holzteer in Europa. Heute ist Oulu IT-Hochburg und eine sympathische Mischung aus Moderne und Tradition. Schön gelegen an der Mündung des Oulujoki, bietet die Stadt gute Freizeitmöglichkeiten und 600 km Radwege.

SIGHTSEEING

MARKTPLATZ (KAUPPATORI) & MARKTHALLE

Die hübsche Markthalle voller Spezialitäten wird vom beliebtesten Polizisten Finnlands bewacht: Ein Selfie mit der Bronzestatue *Toripoliisi* ist Pflicht. Der korpulente Riese ist den Schupos gewidmet, die hier früher auf dem Marktplatz Wache schoben. Noch besser: Du nimmst einen kleinen Schupo mit (der 25 cm große kostet 60 Euro, der 12 cm kleine die Hälfte), direkt vom *Polizeirevier* *(Mo–Fr 8–16.15, Sa/So 8–16 Uhr | Kirkkokatu 13)* oder bei *Oulu10 (Mo–Do 8–18, Fr/Sa 8–16 Uhr | Torikatu 10).*

INSIDER-TIPP
Personenschützer

In den alten Salzspeichern auf dem Marktplatz laden heute Cafés zur Rast ein, etwa das *Pannukakkutalo* mit über 100 Pfannkuchensorten sowie das Restaurant *Uleåborg 1881*. Bei Sonnenschein herrscht eine fast mediterrane Atmosphäre. Von hier gelangst du in die Fußgängerzone *Rotuaari* mit dem Einkaufszentrum *Valkea* oder über eine Brücke zur gemütlichen Künstler-Holzhausinsel *Pikisaari*.

Mökki hin oder her: Der Strand Yyteri bei Pori lockt die Finnen aus ihren Sommerhäusern

LUUPPI

Die neun wichtigsten Kulturstandorte in Oulu kannst du hier entdecken. Experimentierfreudige gehen ins *Wissenschaftszentrum Tietomaa* mit seinem 45 m hohen Aussichtsturm. Im *Nordostrobothnischen Museum* im Park Hupisaaret wird die Geschichte Oulus ausführlich dargestellt.

INSIDER-TIPP: Im Schnelldurchlauf

Museumsmuffel? Dann lauf an der Skulpturengruppe *Ajan kulku* entlang und erleb Stadtgeschichte vom 17. bis ins 21. Jh. *(Torikatu 8 | hinter dem Rathaus).* Alle Standorte und Öffnungszeiten: *ouka.fi/oulu/luuppi-english/home*

ESSEN & TRINKEN

HELLA

Kleines Lokal, kurze Speisekarte, aber großer Geschmack und alles frisch. Dessertklassiker: Lakritz-Crème-brûlée. *Mo–Sa ab 16 Uhr | Isokatu 13 | Tel. 08 37 11 80 | €€–€€€*

TÄHTITORNINKAHVILA

Sternstunden im „Sternenturm" verbringst du hier, denn den fairen Kaffee gibt es mit *Santsikuppi* (kostenlosem Nachfüllen), das Teer-Eis ist selbst gemacht, und im Sommerbuchladen stehen Bücher zum Finnisch lernen. *Anf. Mai.–Mitte Sept. tgl. | Linnansaari 1 | Tel. 04 05 24 17 40 | tahtitorninkahvila.fi | €–€€*

SHOPPEN

KURE

Fundgrube für Mode, Accessoires, Kosmetik und Schuhe von über 60 finnischen Brands und Designern. *Mo–Fr 11–19, Sa 10–18 Uhr | Hallituskatu 30 | kurestore.fi*

Nicht zu übersehen: der Leuchtturm von Hailuoto

SPORT & SPASS

KITESURFEN

Oulu bietet beste Voraussetzungen für Kitesurfen am Strand, auch im Winter. Zum Ausprobieren meldest du dich einfach bei *Lappis (Kurse ab 165 Euro | lappis.fi)* an. Toll sind auch die Kajaktouren mit Zeltsauna *(80 Euro)* oder auf dem Fluss Oulujoki *(4 Std. | 95 Euro)*.

WAKEBOARDING

Du liebst temporeichen Wasserspaß? Dann steig auf Bretter aller Art direkt in der Stadt auf der Insel Linnansaari. *Oulu Wakepark | 25 Euro/Std. | oulu wakepark.com*

RADFAHREN

Sykkeli, die 600 neuen Citybikes in 60 Stationen, sind ideal für die Kurzstrecke *(5 Euro pro Tag, 10 Euro pro Woche, 20 Euro pro Saison | kaupunkipyorat. ouka.fi/home)*. Für längere Touren vermietet *Mustonen (Mo–Fr 10–18, Sa 10–14 Uhr | ab 15 Euro | Rautatienkatu 16 | mustosenpyuora.fi)* Räder mit drei Gängen, Schloss und Korb.

STRÄNDE

NALLIKARI

Auf der Vergnügungsinsel Hietasaari bietet der Strand im Sommer Sand und ein riesiges Klettergerüst. Im Winter ist hier der ideale Ort, um Nordlichter zu beobachten. *4 km vom Stadtzentrum | nallikari.fi*

WELLNESS

Die von Bürgern für Bürger gebaute und von Freiwilligen betriebene schwimmende Sauna am Tuira-Strand ist nur im Sommer geöffnet *(Eintritt 5 Euro | kesansauna.fi)*. Beim *Saunaboot (Sauna 10 Euro, Saunafahrt 25 Euro | Kasarmintie | Tel. 04 01 62 05 02 | koivurannansaunalautta.fi)* am Koivuranta kannst du im Winter ins Eisloch hüpfen und im Sommer auch eine Runde auf dem Fluss drehen.

AUSGEHEN & FEIERN

CAFÉ KULUMA

Gesellige finnische Bar mit einem Händchen für Drinks aller Art, z. B. flambierte Cocktails. *So–Do 11–3, Fr/ Sa 11–4 Uhr | Kauppurienkatu 5*

PEPPERS KARAOKEBAR

Legendäre Kneipe der Locals, um die Stimme zu ölen und dann aus vollem Hals zu schmettern. Prädikat finnisch. *Mo–Do 9–2, Fr 9–So 2 Uhr | Isokatu 36 | karaokebar.net/peppers*

RUND UM OULU

9 HAILUOTO

50 km von Oulu/90 Min. per Auto auf der 847/815/816

Die große Insel verführt mit Sandstrand, Wind und natürlich einem Leuchtturmhotel mit Restaurant *(Luotsihotelli | April/Mai Fr–So, Juni–Okt. tgl. | wildnordic.fi/lighthouse/fi | €€€)*. Außerdem kannst du eine Ökobrauerei mit gemütlichem Pub *(Mai–Mitte Juni Fr/Sa, Mitte Juni–August tgl. | Luovontie 233 | Facebook: hailuodonpanimo)* ansteuern. Entweder nimmst du die Autofähre ab Oulunsalo *(finferries.fi)* oder den Bus 59 ab Oulu. Im Winter rollst du über die längste Eisstraße Finnlands. *hailuoto.fi* | *E8*

10 LIMINGANLAHTI

34 km von Oulu/30 Min. per Auto auf der E8/813

Im wertvollsten Feuchtgebiet Finnlands leben viele seltene Vogelarten, z. B. Wiesenweihe, Eule, Kranich, Birkhuhn oder Wendehals. Ein Naturschutzzentrum und fünf Beobachtungstürme erleichtern das Sichten der Federlinge *(visitliminka.fi)*. Geführte Touren bietet *Finnature (finnature.com)*. Du bekommst von so viel Natur einen Bärenhunger? Unterwegs kannst du Flammlachs direkt auf dem Teller verspeisen oder mitnehmen *(Vihiluodon Kalakauppa & Keittiö | Mo–Do 8–18, Fr/Sa 8–21, So 12–18 Uhr | Rytiniementie 4 | Tupo | vihiluodonkala.fi | €–€€)*. *E8*

INSIDER-TIPP
Fangfrisch geräuchert

11 STEINZEITDORF KIERIKKI

68 km von Oulu/60 Min. per Auto auf der 20/849/8540

Die Nachbildung eines Steinzeitdorfes am Ufer des Flusses Iijoki liegt an einer tatsächlichen Ausgrabungsstätte. Beim Steine schleifen und Einbaum paddeln wirst du selbst zum „echten" Steinzeitmenschen. Steinzeit-Selfie im tollen Ausstellungsgebäude nicht vergessen! *Mitte Juni–Anf. Aug. Mo–So 10–17 Uhr, andere Zeiten stehen auf der Website | Eintritt 8 Euro, Kinder 6–17 J. 5 Euro | Pahkalantie 447a | Yli-Ii | kierikki.fi | 4 Std. | E7*

SCHÖNER SCHLAFEN IN WESTFINNLAND

MEERESRAUSCHEN IM OHR

Im Leuchtturmhotel *Kylmäpihlaja (13 Zi. | Tel. 04 51 75 06 19 | kylmapihlaja.com | €€ | C12)* auf der gleichnamigen Insel träumst du in luftiger Höhe und lauschst den Wellen der Ostsee. Mit der Fähre geht es ab Poroholmen in Rauma *(Juni–Anf. Sept. tgl. | Ticket 28 Euro | raumansaaristokuljetus.fi)*.

SEENFINNLAND

DER SEE IST DAS ZIEL

Seinen Ruf vom „Land der tausend Seen" hat Finnland den rund 40 000 Gewässern der finnischen Seenplatte zu verdanken. Ein Boot ist hier oft nützlicher als ein Auto. An manchen Stellen fühlt man sich vom Wasser umzingelt, wie auf dem schmalen Höhenrücken der Nationallandschaft Punkaharju.

Dieser Flickenteppich aus Blau und Grün ist eine traumhafte Naturkulisse für einen erholsamen Urlaub. Die Seen gehören zu den saubersten Gewässern Europas. Hier kannst du überall an unzähligen

Ein See für dich allein: Weite und Stille tanken wie hier am Pyhäjärvi-See

Badestränden in klarem Wasser schwimmen und Finnland wie aus dem Bilderbuch erleben. Fehlt nur noch ein *mökki,* also ein Holzhaus mit Sauna am See, und dazu ein Ruderboot: Erholung pur.

SEENFINNLAND

MARCO POLO HIGHLIGHTS

★ **PÄIJÄNNE-SEE**
Am längsten, am tiefsten und am saubersten: die Perle der finnischen Seenplatte ➤ S. 91

★ **SAIMAA-SEE**
Der viertgrößte See Europas mit 14 000 Inseln und einer eigenen Robbenart ➤ S. 95

★ **BURG OLAVINLINNA**
Die Mittelalterburg von Savonlinna wird jedes Jahr zur Opernkulisse ➤ S. 98

★ **PUNKAHARJU**
Berückend schöne und beunruhigend schmale Landzunge im blaugrünen Gemälde der Seenplatte ➤ S. 99

★ **PYYNIKKI & PISPALA**
Seeblick in alle Richtungen und Treppenstufen bis zum Abwinken ➤ S. 87

★ **LINNANSAARI-NATIONALPARK**
Die Kinderstube der seltenen Saimaa-Robbe ist stilecht nur mit dem Boot erreichbar ➤ S. 99

TAMPERE

D12 **Nach Meinung der Finnen hat Tampere (223 000 Ew.) die höchste Lebensqualität aller finnischen Städte.**

Im 19. Jh. war die Stadt Vorreiter der Industrialisierung in Finnland. Heute sind in die alten Fabrikgebäude Theater, Gastropubs und Museen eingezogen, die Backsteinfassaden der Industriedenkmäler verbreiten eine einzigartige Atmosphäre. Außerdem liegen die Stromschnellen Iammerkoski und zwei Seen vor der Tür – und die Kulturszene ist sehr lebendig. Kurz: Die Finnen könnten recht haben.

SIGHTSEEING

DOM (TUOMIOKIRKKO)

Graue Granitquader, rotes Ziegeldach – die Kirche von Lars Sonck (1907) ist unverkennbar finnischer Jugendstil und dank der symbolischen Malereien von Hugo Simberg sehr ungewöhnlich: eine Schlange, die sich am Apfel verschluckt, unterm Kirchendach, wo gibt's denn so was? *Tgl. Mai–Aug. 10–17 Uhr, Sept.–April 11–15 Uhr | Tuomiokirkonkatu 3*

KALEVAN-KIRCHE

Das musste man sich 1966 erst mal trauen: 35 m hohe Stahlbetonsäulen auf dem Grundriss eines Fisches, 18 hohe, schmale Fenster und als warmer Kontrast nur Kiefernholzbänke. Du wirst den kompromisslos modernen „Seelensilo" von Reima und Raili Pietilä lieben oder hassen, unberührt bleibt niemand von dieser Kirche. *Tgl. 11–15 Uhr | Eintritt frei | Liisanpuisto 1*

MUMINMUSEUM

Mumintroll, Hattifnatten, die kalte Morra oder Kleine My sagen dir nichts? Solltest du schnell ändern, denn die Fabelwesen von Tove Jansson gehören zu Finnland wie die Sauna. Schau dir die Originalzeichnungen, -bücher und Muminfilme an – oder werd selbst kreativ. Restaurant *Tuhto* serviert Muminmamas Pfannkuchen. *Di/Mi 9–17, Do/Fr 9–19, Sa/So 10–17 Uhr | Yliopistonkatu 55 | Eintritt 13 Euro, Kinder 6 Euro | muumimuseo.fi*

LENIN-MUSEUM

INSIDER-TIPP Politische Geburtshilfe

Lenin und Stalin trafen sich hier: Kaum zu glauben, aber in diesen Räumen wurde die Sowjetunion erfunden. Wie und warum und welche Folgen es für Finnland hatte, erfährst du im einzigen Leninmuseum Europas. *Sept.–Mai Di–So 11–17 Uhr, Juni–Aug tgl. 11–18 Uhr | 8 Euro | Hämeenpuisto 28 | lenin.fi*

FINLAYSON-FABRIKGELÄNDE

Die riesigen Hallen der ehemaligen Textilfabrik Finlayson bieten viel Platz für Läden, Galerien und Kultur aller Art *(finlaysoninalue.fi)*. Im *Arbeitermuseum Werstas (Työväen keskusmuseo) (Di–So 11–18 Uhr | Eintritt frei)* steht die größte Dampfmaschine Finnlands, Brauereipub *Plevna (tgl. | Itäinenkatu 8 | plevna.fi | €€–€€€)* ist legendär, und im englischen Park neben dem Gelände ist das Fine-Dine-Restaurant *Finlayson-Palast (So/Mo geschl. | Ku-*

Die Monstermaschine im Arbeitermuseum Werstas hat dem Fortschritt Dampf gemacht

ninkaankatu 1 | finlaysoninpalatsi.fi | €€–€€€) eingezogen. Im *Museum Milavida (Jan.–April Fr–So, Mai–Sept. Di–So 11–18 Uhr | Eintritt 8 Euro | museomilavida.fi)* wird die tragische Geschichte des Fabrikbesitzers Peter von Nottbeck erzählt.

ARBEITERVIERTELMUSEUM AMURIN (AMURIN TYÖLÄISMUSEOKORTTELI)

Die Weberei Finlayson sorgte gut für ihre Arbeiter, von der Geburt bis zum Tod. Trotzdem ist den 30 Original-Arbeiterwohnungen anzusehen, dass das Leben des Proletariats zwischen 1880 und den 1970er-Jahren kein Zuckerschlecken war – Letzteres geht aber heute im Café *Amurin Helmi (tgl. bis 18, im Winter bis 17 Uhr). Mitte Mai–Anf. Sept. Di–So 10–18 Uhr | Eintritt 8 Euro, Kinder 7–17 J. 3 Euro | Satakunnankatu 49 | museokortteli.fi*

PYYNIKKI & PISPALA ★

„Dramatische" 85 m überragt *Pyynikki*, die höchste Endmoräne Europas südwestlich des Zentrums, am Nordufer des Pyhäjärvi-Sees den Meeresspiegel. Der Aufstieg lohnt vor allem wegen der besten *munkki* der Stadt im Café des *Aussichtsturms (tgl. 9–20 Uhr | Näkötornintie 20)*. Westlich schließt sich das ehemalige Arbeiterviertel *Pispala* an, das wegen der Wahnsinnsaussicht zu einer Mischung aus Nobelwohngegend und finnischem Mini-Montmartre mutiert ist. Treffpunkt für Künstler und Freunde zeitgenössischer Kunst ist das *Hirvitalo (Di–So 14–19 Uhr | Eintritt frei | Hirvikatu 10 | hirvikatu10.net)*. Nach endlosen Gassen und Treppenstufen ist erneut eine Stärkung fällig: Verdrück einen *Kuuma Koira* (süß-sauren Hotdog) am legendären

INSIDER-TIPP
Heißer Hund

Kiosk *Vaakon Nakki (tgl. 11–23 Uhr | Pispalan valtatie 37).* Weiter geht's in die älteste öffentliche Holzsauna Finnlands, die *Rajaportin Sauna (Mo/Mi 18–22, Fr 15–21, Sa 14–22 Uhr | Eintritt 6 bzw. 10 Euro | Pispalan valtatie 9 | pispala.fi/rajaportin sauna)* und zum Schluss auf ein Bier und eine Überdosis Lokalkolorit ins *Pispalan Pulteri (tgl. | Pispalan valtatie 23 | Tel. 03 212 52 11 | pispalan pulteri.fi | €€)* oder an den Strand.

ESSEN & TRINKEN

3D CRUSH CAFÉ

Selbstausdruck ist hier wörtlich gemeint, denn während die 3-D-Drucker eine kleine Büste von dir ausdrucken (2 Euro + 9 Cent/Min.), überbrückst du die Wartezeit mit Kaffee, Kuchen, Eis oder Kaninchen streicheln (lebendige, nicht virtuelle). *Tgl. | Itsenäisyydenkatu 10 | Tel. 050 492 52 00 | 3dcrush.fi | €*

MARKTHALLE

In der Jugendstil-Markthalle von 1901 gibt es Regionales wie *mustamakkara*-Wurst und *rievä*-Gerstenbrot *(Mo–Fr 8–18, Sa 8–16 Uhr | Hämeenkatu 19).* Das beliebte Lunchbistro *4 Vuodenaikaa (So geschl. | Tel. 03 212 47 12 | €€)* bereitet diese Spezialitäten frisch zu.

RAVINTELI BERTHA

Finnische Gourmetküche mit Pfiff: Hier wählst du kein Gericht, sondern ein Angebot aus frischen, saisonalen Zutaten und lässt dich überraschen, was der Chef daraus macht. Reservierung empfohlen. *So/Mo geschl. | Rautatienkatu 14 | Tel. 0400 35 54 77 | bertha.fi | €€€*

SHOPPEN

Tampere wurde zur ersten Fairtrade-Stadt Finnlands gekürt – überall in der Stadt werden fair gehandelte Produkte angeboten. Kleine finnische Designerlabel verkauft *Riiminka & Aleksiina Design (Aleksis Kiven katu 15 LH 5 | onemanband.fi). Muka Va (Di–Sa ab 11 Uhr | Otavalankatu 3)* und *Kotimai (Sammonkatu 8–10)* sind ein Muss für Design-Nerds. Der Shop von *Finlayson (Kuninkaankatu 3 | finlayson.fi)* ist seit 1923 Spezialist für Gewebtes.

SPORT & SPASS

SCHIFFSTOUREN

In Tampere beginnen zwei schöne Kreuzfahrten. Die weißen Schiffe der *Silberlinie (90 Euro hin und zurück | Tel. 010 422 56 00 (*))* starten morgens am Laukontori-Kai und fahren am Samstag bis Hämeenlinna. Die alte Dame *S/S Tarjane* schippert auf dem *Dichterweg (runoilijan tie)* vom Mustalahti-Kai in acht Stunden bis nach Virrat durch eine viel besungene Landschaft. *(Di/Do | 90 Euro hin und zurück).* Alle Schiffstouren: *hopealinja.fi*

SÄRKÄNNIEMI

Der Vergnügungspark direkt am See lockt mit Tornado-Achterbahnen, Schnellboottrips auf dem See und Angry-Birds-Park für die Kleinen. Selbst das ganzjährig geöffnete *Restaurant (im Sommer tgl. 11–23 Uhr | €€€)* im Aussichtsturm in 124 m Höhe dreht sich, aber langsam genug, dass du den schönen Ausblick genießen kannst. Eher unscheinbar, aber über Tampere hinaus bekannt für seine *na (Mo, Mi, Do 15–20, Di/Fr 15–20.30, Sa/So 13–21 Uhr | Eintritt 7 Euro | rauhaniemi.net)*, im Winter mit anschließendem Eisschwimmen.

Wer in die Markthalle von Tampere geht, kommt so schnell nicht wieder hinaus

Ausstellungen moderner und klassischer Kunst ist das auf dem Gelände befindliche *Kunstmuseum Sara Hildén (Juni–Aug. tgl. 11–18 Uhr, sonst Di–So 10–18 Uhr | Eintritt 12 Euro | Laiturikatu 1 | tampere.fi/sarahilden.html). Mitte Mai–Mitte Sept. ab mittags | Tageskarte 47 Euro, online 38 Euro, Kinder unter 120 cm 42 Euro, online 33 Euro | sarkanniemi.fi*

STRÄNDE

RAUHANIEMI

Der Badestrand im Stadtteil Lapinniemi mit Café und WC liegt 2 km außerhalb der Stadt am sauberen Näsijärvi-See. Ordentlich schwitzen kannst du in der öffentlichen *Rauhaniemi-Sau-*

AUSGEHEN & FEIERN

MORO SKY BAR

Von der Cocktailbar im 25. Stock des höchsten Hotels Finnlands kannst du tolle Aussichten genießen. Dementsprechend sind allerdings auch die Preise. *Mo–Do 11–24, Fr/Sa 11–2, So 11–23 Uhr | Ratapihankatu 43 | Tel. 01 07 86 01 21 (*) | Facebook*

TELAKKA

Dank Vorgarten, Livebühne und solidem Bar-Food sehr beliebte Location. Hier kannst du dich unter kunstbeflissene, lebenslustige Einheimische in jedem Alter mischen. *Mo–Fr ab 11, Sa ab 12, So ab 13 Uhr | Tullikamarin aukio 3 | telakka.eu*

Ohne nasse Füße über den Päijänne-See? Die Pulkkilanharju-Brücke macht's möglich

PAAPAN KAPAKKA

Jeden Abend Jazz, Blues oder Swing live und gute Vibes mit den Nachbarn. *Mo–Fr ab 13, Sa ab 12 Uhr | Koskikatu 9 | Facebook*

RUND UM TAMPERE

1 FRANTSILA-KRÄUTERGARTEN

36 km von Tampere/40 Min. via E12

Der älteste Kräuterhof Finnlands betreibt das vegetarische *Café Kehäkukka (tgl. | Yrjö-Koskisentie 1 | frantsilankehakukka.fi)* mit Garten, Verkauf und Sommerterrasse am Flussufer in Hämeenkyrö. Im *Frantsila Spa (Kyrös pohjantie 320 | Tel. 04 05 91 87 42 | frantsilanhyvanolonkeskus.fi)* kannst du dich u. a. mit ayurvedischen Massagen, Moorpackungen sowie Kräutersauna verwöhnen lassen. Oder *kalevalainen jäsenkorjaus*, traditionelle finnische „Gliederkorrektur", buchen. Danach sitzt jeder Knochen wieder korrekt. *2–4 Std.* | *D12*

2 NATIONALPARK HELVETINJÄRVI

77 km von Tampere/75 Min. via 65

Im weitläufigen Seengebiet des Näsijärvi-Sees kommst du in die Hölle. Die Höllenkluft *(Helvetinkolu)* gab dem Park (30 km^2) seinen Namen, doch am Grund der Schlucht wartet kein Fegefeuer, sondern ein Badesee. Ein Wegenetz von 40 km Länge führt durch den Park. *outdoors.fi* | *D11*

3 IITTALA

61 km von Tampere/50 Min. via E12

Im Dörfchen Iittala begann 1881 die Erfolgsgeschichte finnischen Glasdesigns. In der Glasfabrik werden u. a. die berühmten Aalto-Vasen produziert. Von Mitte August bis Mitte Juli kann man den Glasbläsern bei der Arbeit zuschauen *(9–20 Uhr | kostenlos | Führung mit Anmeldung 50 Euro bis 10 Pers. | Tehtaantie 3c | Tel. 02 04 39 62 30 (*))*. Angeschlossen ist ein *Glasmuseum (Mai–Aug. Di–So 11–17 Uhr, Sept.–April Sa/So 11–17 Uhr | Eintritt 5 Euro | Könnölänmäentie 2c)* mit Werksverkauf. *E13*

4 HÄMEENLINNA

80 km von Tampere/1 Std. via E12

Im Sommer fahren Schiffe der *Silberlinie* von Tampere in die Stadt (68 000 Ew.), in der Komponist Jean Sibelius 1865 geboren wurde *(Geburtshaus-Museum | tgl. Mai–Aug. 10–16 Uhr, Sept.–April 12–16 Uhr | Eintritt 5 Euro | Hallituskatu 11)*. Die imposante „Burg von Häme" *Hämeen linna (tgl. Juni–Mitte Aug. 10–17, Mai 10–16, sonst Di–So 10–16 Uhr | Eintritt 8 Euro | Kustaa III:n katu 6)* gab der Stadt ihren Namen. *E13*

JYVÄSKYLÄ

E11 **Eigentlich müsste die Hauptstadt von Mittelfinnland Alvar-Aalto-Stadt heißen. Denn der finnische Architekt *(visit.alvaraalto.fi)* begann hier seine Weltkarriere. Mit 30 Gebäuden hat er das Gesicht von Jyväskylä (136 000 Ew.) geprägt.** Wer sich für die Architektur der klassischen Moderne begeistert, wird dieser Stadt einen längeren Besuch abstatten wollen. Am besten fährst du mit dem Fahrrad zu den wichtigsten Gebäuden von Aalto.

SIGHTSEEING

ALVAR-AALTO-MUSEUM

Auf Bitten der Stadt hat sich Aalto mit dem Gebäude eher unwillig selbst ein Denkmal gesetzt, und so schwelgen Fans jetzt in Skizzen, Fotos, Designgegenständen und Modellen. *Sept.–Juni Di–So 11–18 Uhr, Juli/Aug. 10–18 Uhr | Eintritt 6 Euro, Sept.–Mai Fr kostenlos | Alvar Aallon katu 7 | alvaraalto.fi*

PÄIJÄNNE-SEE ★

Bloss nicht ins Wasser pinkeln! Über einen 120 km langen Tunnel beziehen fast 1 Mio. Menschen ihr Trinkwasser aus dem zweitgrößten, längsten und tiefsten See Finnlands, an dessen Nordende Jyväskylä liegt. Zahlreiche *Schiffstouren* starten im Sommer täglich vom Hafen auf den See, z. B. mit *Rhea Ship lines Oy (Di–Sa 19–22, Sa/So auch 15–18 Uhr | Ticket 20 Euro, Kinder 4–14 J. 10 Euro | matkarhea.fi)*. Auch ohne Kapitänspatent kannst du dein eigenes Hausboot durch das Wasserlabyrinth mit fast 1900 Inseln steuern *(Minimum 2–3 Tage, ab 900 Euro/3 Nächte | Hafen Jyväskylä | Tel. 04 01 64 61 68 | houseboat.fi/de)*.

INSIDER-TIPP
Mökki mit Anker

TOIVOLAN VANHA PIHA

Vor Alvar Aalto sah Jyväskylä so aus, wie die sieben alten Holzhäuschen es zeigen, in denen sich Künstler und

Handwerker eingenistet haben. Im *Café Muisto* machen sie alles selber, auch die Frühstücksmarmelade. *Mo–Sa | Cygnaeuksenkatu 2 | vanhapiha.fi*

ESSEN & TRINKEN

BEANS & MORE

Veganes Soul-Food-Café mit Shop im Herzen der Stadt. Stilgerechte Einrichtung mit Artek-Möbeln von Meister Aalto, Gewölbedecke und Designleuchten für den trendigen Durchblick. *Di–So | Asemakatu 11 | beans andmore.fi | €€*

TEELEIDI

Einfach zauberhaft: die Teeauswahl, das wunderbare Haus, die Einrichtung, der Service. Eine Oase für Teefans und solche, die es werden wollen. *Di–Sa | Kramsunkatu 1 | Tel. 0445555900*

SHOPPEN

Nix digital, dieses Unikum verkauft seit 1954 erfolgreich Gute-Laune-Postkarten: *Harjun Paperi (Yliopiston katu 6b)*. Pandas findest du bei *Panda (Asemati 2 | Vaajakoski | panda.fi)* keine, aber Süßes in großen Mengen. *Koko Designmarket (Mo–Sa | Yliopistonkatu 32 | kotodesignmarket.fi)* versteht sich auf schöne Gegenstände.

SPORT & SPASS

Faul sein geht hier gar nicht! Rund um den *Jyväsjärvi-See* führt der 12 km lange *Freizeitpfad Rantaraitti*. Fahrräder vermietet *Polkupyoratori (Mo 9–18, Sa 10–15 Uhr | Vaasankatu 8 | polkupyoratori.fi)*. Spaß für Familien bringen die beliebten Lastenfahrräder von *Lastipyoralainaamo (Matarankatu 6 A 1 | japary.fi)*.

Kanus, Kajaks und SUPs vermietet *Tavinsulka (20 Euro/Std., 45 Euro/Tag | Taulumäentie 47 | tavinsulka.com)*, Wakeboarden geht bei *Gr8Wake (25 Euro/Std. | Rantaväylä | Facebook)*. Im Heißluftballon still über die Seen gleiten ist nicht billig, aber ein unvergessliches Erlebnis *(230 Euro/Person | Tel. 0440243518 | aeronaut.fi)*.

INSIDER-TIPP: Still durch den Schnee

Im Elektro-Schneescooter erlebst du im Winter Geschwindigkeitsrausch ganz ohne Lärm. Mit *eLyLy (nur mit Anmeldung | 85 Euro/Person | Viitasaarentie, Kannonkoski | bearmanor.fi)* steigst du direkt beim Erfinder des E-Schneemobils im *Bear Manor*-Landhaus in schönster Natur ein.

STRÄNDE

Der *Vietaniemi-Strand* liegt ruhig und sauber am Stavanger-Park. Vom Anleger fährt stündlich ein *Ruderboot (Juni–Aug. Di–Fr 15–21, Sa/So 12–21 Uhr | jyvaskylanseurakunta.fi/lehtisaarenkesakoti)* kostenlos zur öffentlichen, ebenfalls kostenlosen Sauna auf der Insel Lehtisaari. Achtung: nur mit Badebekleidung, Alkohol und Rauchen verboten!

WELLNESS

Das Ferienresort *Varjola (Vilppulantie 51 | Laukka | varjola.com)* bietet Rundum-Erholung in der Natur, offene Saunaabende *(Juni–Aug. Mi 19 Uhr | 15 Euro)* und eine besonders romantische Bootsfahrt durch drei Kanäle nach Jyväskylä im Juli.

AUSGEHEN & FEIERN

SOHWI

Bei großer Bierauswahl diskutieren hier bevorzugt Studenten und Akademiker auf der Terrasse. *Tgl. | Vaasankatu 21 | sohwi.fi*

POPPARI

Live-Jam-Sessions von Jazz, Pop, Rock, Funk, Soul bis Blues. Ideal, um die lokale Musikszene zu treffen. *Tgl. | Puistokatu 2 | ravintolapoppari.fi*

RUND UM JYVÄSKYLÄ

5 PETÄJÄVESI

33 km von Jyväskylä/30 Min. per Auto auf der 18

Da musste erst ein Österreicher kommen, um den Wert der ollen *Kirche (Juni–Aug. tgl. 10–18, So 10 Uhr Gottesdienst | Eintritt 7 Euro | Vanhankirkontie 9)* zu erkennen, die 1764 von den Locals gebaut und dann wegen der neuen Kirche vernachlässigt wurde. Jetzt gehört sie zum Weltkulturerbe, und Brautpaare werden mit dem Kirchboot zur Hochzeit gerudert. Im Ort verkauft *Heinähattu (Di–Fr 10–17, Sa 10–14 Uhr | Karikontie 1)* Öko- und Landprodukte. *E11*

6 MÄNTTÄ

84 km von Jyväskylä/70 Min. via 23/58

Mänttä (7500 Ew.) wäre Pampa, hätte nicht Papierfabrikant G. A. Serlachius sein Geld in eine Kunstsammlung gesteckt, die sein Neffe Gösta zu einer

Nur ne olle Kirche in Petäjävesi? Nein, Weltkulturerbe!

der größten Kunststiftungen Nordeuropas ausbaute. *Museum Gösta* zeigt im modernen Holzpavillon Kunst, *Museum Gustaf*, im imposanten Firmensitz, erzählt mit Augenzwinkern die Geschichte eines zähen Finnen. Kostenlose Fahrräder gibt's zum Hin- und Herfahren. *Juni–Aug. tgl. 10–18 Uhr, Sept.–Mai Di–So 11–18 Uhr | Eintritt 15 Euro | serlachius.fi | E11*

7 JÄMSÄ

58 km von Jyväskylä/50 Min. via E75

Achtung, Filz! Daran schuld sind in der Stadt (23 000 Ew.) am Ufer des *Päijänne-Sees* zwei Filzfabriken, die ab Werk u. a. die berühmten *tossut* (Filzschuhe) verkaufen. Altmodisch? Von wegen, bei *Lahtinen (Partalantie 267 | lahtiset.fi)* entwirft u. a. Schuhdesigner Aki Choklat, oder wie wär's mit einem Saunahut von *Alhon Huopatehdas (Partalantie 131 | Facebook)*? Das größte Säugetier Europas lässt sich nur selten blicken. Hier schaut es cool in die Kamera: Bei *Moose Manor (Di–Sa 12–18 Uhr | Heinäseläntie 381 | hirvikartano.fi | 20 km von Jämsä)* ist Elchegucken kostenlos, wenn du im angeschlossenen Restaurant isst *(sonst 7 Euro)*. *E12*

INSIDER-TIPP
Elche knutschen

LAPPEEN-RANTA

G12 **Lappeenranta (72 000 Ew.) ist südlicher Ausgangspunkt für Touren über den Saimaa-See. Die lindengesäumte lebhafte Hafenpromenade, das historische Festungsviertel, 15 000 Studentinnen und Studenten sowie die warmherzige südkarelische Lebensart geben der Stadt einen liebenswerten Charakter.**

Lappeenranta gehörte von 1773 bis 1917 zu Russland. Durch den 43 km langen Saimaa-Kanal ist die Stadt bis heute Drehscheibe für den Handel mit Russland und der wichtigste Binnenhafen Finnlands.

Ein Nachmittag an der Saimaa-Seenplatte, und danach gehen die Uhren anders

SIGHTSEEING

FESTUNGSVIERTEL (LINNOITUS)

Zwischen den grasüberwucherten Resten der alten Festung liegt das historische Stadtviertel auf einer Halbinsel am Hafen. An der Kristiinankatu stehen Museen, Cafés und die *Pokrova (Juni–Mitte Aug. Di–So 11–15 Uhr),* die älteste orthodoxe Barockkirche Finnlands (1785). Ein *Naturlehrpfad* führt über das Gelände.

HIEKKALINNA

Jeden Sommer wird in Lappeenranta am Strand eine riesige, kunstvolle Themenburg aus sagenhaften 3 Mio. kg Sand gebaut – ein großer Sommerspaß mit Buden und Eisständen. *Juni–Aug. | hiekkalinna.lappeenranta.fi | 1–2 Std.*

SAIMAA-SEE ★

Vor dir liegt der größte See Finnlands, der viertgrößte Europas und ein riesiges Wasserlabyrinth mit 14 000 Inseln und über 15 000 km Uferlinie. In dem Geflecht tragen Seenabschnitte eigene Namen und sind durch enge Wasserwege verbunden. Nach der Eiszeit wurde das Gewässer durch die Landhebung von der Ostsee abgeschnitten und mit ihm die Saimaa-Ringelrobbe. Die gut 300 Süßwasserrobben sind streng geschützt und vom Aussterben bedroht.

INSIDER-TIPP **Robbe ahoi!**

Ganz nah ran an die seltenen Tiere kommst du mit *Arto Keinänen* in seinem E-Boot *(dreistündige Touren Mai–Mitte Juni Mi, Fr–So, Mitte Juni–Mitte Aug. Do | 59 Euro/Pers., private Touren ab 295 Euro/Gruppe | Okkola, Puumala | lakelandgte.fi).* Es ist so leise, dass die Robben bei schönem Wetter ruhig auf ihrem Felsen bleiben oder sogar neugierig näherkommen. Auch die Auswahl an anderen Schiffstouren ist groß.

ESSEN & TRINKEN

CAFÉ MAJURSKA

Heißgeliebt ist das Café im ehemaligen Offiziersclub mit seinen Kronleuchtern, Gemälden und bequemen Sofas.Lass dir den hausgebackenen Kuchen und die Pasteten schmecken. Ein Muss! *Tgl. | Kristiinankatu 1*

SÄRÄPIRTTI KIPPURASARVI

Spezialist für das im Birkenholztrog gegarte, traditionelle Lammgericht *Särä* in *Lemi* (20 km entfernt). Fleischfans dürfen es sich nicht entgehen lassen. Ehrlich. Nur nach Reservierung. *Rantatie 1 | Tel. 0 54 14 64 70 | sarapirtti.fi | €€€*

RUND UM LAPPEENRANTA

8 IMATRA

37 km von Lappeenranta/30 Min. per Auto via 6

Einmal am Tag darf der mächtige Fluss Vuoksi Pause machen und mit 500 000 l/s durch sein altes Bett donnern. Sei dabei! Zwar nur 20 Minuten lang, dafür aber mit klassischer Musik, Instrumental oder Metal, je nach Laune von Sibelius, Darude oder Nightwish *(Mai–Mitte Juni, Mitte Aug.–Mitte Sept. Sa 18 Uhr, Mitte Juni–Mitte Aug. Mi–So 18 Uhr)*. Danach erzeugt der Fluss wieder Strom für die Stadt *Imatra* (26 000 Ew.), und das seit 1929. *G12*

9 MIKKELI

109 km von Lappeenranta/1½ Std. via 6/13

Das Städtchen (54 000 Ew.) liegt in herrlicher Umgebung, die du vom *Naisvuori-Aussichtsturm mit Café (Mai–Aug. tgl. ab 11 Uhr | Mikonkatu 23)* bewundern kannst. Lokale Produkte findet man auf dem lebhaften *Wochenmarkt (Juni–Aug. Mo–Sa 7–21 Uhr, Sept.–Mai 7–18 Uhr | Hallituskatu)*. Die alte *Pfarrei Kenkävero (tgl. | Pursialankatu 6 | kenkavero.fi)* bezaubert durch gepflegte Gärten, regionale Küche und finnisches Kunsthandwerk. *F12*

10 YLÄMAA

35 km von Lappeenranta/30 Min. via 387

Den seltenen Edelstein *Spektrolith* gibt es weltweit nur hier, und die halbe Gemeinde widmet sich der Vermarktung des dunklen, schillernden Minerals. Im Edelsteinmuseum *Jalokivikylä (Juni–Aug. tgl. 10–17 Uhr | Eintritt frei)* kannst du Spektrolithen und andere edle Steine bewundern und eine Führung in den Steinbruch buchen *(1 Std. ab 25 Euro | Tel. 04 00 39 15 90)*.

Schmuck verkaufen die Juweliere *Kiviseppä (kiviseppa.fi)* und *Korukivi (korukivi.fi)*. Anfang Juli findet jedes Jahr eine große Edelsteinmesse statt. Du willst nicht nur gucken, sondern aktiv werden? Bei *Ylämaa Mystique (ab 40 Euro | ylamaamystique.fi)* findest du erst einen Edelstein und verarbeitest ihn dann selbst zu einem Schmuckstück. *G13*

11 VERLA-KARTONFABRIK

111 km von Lappeenranta/1 Std. 20 Min. via 6/46

Hinter den roten Backsteinmauern der Fabrik fertigten 80 Jahre lang vor allem Frauen feinsten Karton, der in die ganze Welt verschickt wurde. Nach der Schließung 1964 blieben alle Maschinen im Originalzustand erhalten und sind voll funktionsfähig. Das weltweit einzigartige Industriedenkmal gehört seit 1996 zum Unesco-Welt-

Rat mal, aus welchem Rohstoff die Kartons in der Verla-Kartonfabrik fabriziert wurden

kulturerbe. Besichtigung nur mit Führung *(Mai–Mitte Juni und Mitte Aug.–Sept. Di–So 11–16 Uhr, Mitte Juni–Mitte Aug. tgl. 10–18 Uhr, deutsche oder engl. Führung auf Bestellung | Eintritt 12 Euro | Verlantie 295 | Tel. 02 04 15 21 70 (*) | museum.verla@upm.com | verla.fi).*

Der *Repovesi-Nationalpark* liegt nur 30 Autominuten von Verla entfernt. Du kannst dort tolle Wanderungen durch dichte Wälder unternehmen, auf Felsen klettern und dich an ihnen abseilen, Kanu fahren und andere Abenteuer erleben. *F12*

SAVONLINNA

G11–12 **Das Städtchen ist jährlich Schauplatz der internationalen Opernfestspiele, die Publikum aus aller Welt herbeilocken. Bekannt ist Savonlinna aber auch für Events wie die Meisterschaft im Telefonweitwurf.**

Während zur Handy-Wurf-WM nur etwa 100 Teilnehmer kommen, platzt Savonlinna (33 000 Ew.) bei den Opernfestspielen aus allen Nähten. Bis zu 70 000 Zuschauer reisen an, um in der malerisch am See gelegenen Burg Opernklassiker wie Tosca oder Tannhäuser zu erleben. Wer die Stadt in dieser Zeit besuchen will, sollte unbedingt vorher eine Unterkunft reservieren. Abseits der Festspiele erwartet dich ein verschlafenes, freundliches Städtchen im Herzen des Saimaa-Seengebiets, das du am besten auf einer Minikreuzfahrt mit der *S/S Punkaharju (Juni–Aug. tgl. 11, 13, 15, 17, 19 Uhr | Ticket 23 Euro | Satamakatu 7–10 | Tel. 05 03 68 22 87 | vipcruise.info)* erkundest.

SIGHTSEEING

BURG OLAVINLINNA ★

Sie gehört zu den am besten erhaltenen Mittelalterburgen Nordeuropas, und ihre Mauern geben jedes Jahr im Juli den *Opernfestspielen* (s. S. 135) das besondere Etwas. Auch unabhängig von den Festspielen ist der trutzige Bau einen Besuch wert. Das heutige Aussehen erhielt der 1475 von den Schweden errichtete Wehrbau durch eine Restaurierung zwischen 1961 und 1975. Am besten erkundest du das Gemäuer auf einer der kostenlosen Führungen, die im Juli auch hinter die Opernkulissen schauen lassen, bevor du im Biergarten absackst. *Juni-Juli tgl. 10–18 Uhr, Juni/Aug. tgl. 11–18, sonst Mo–Fr 10–16, Sa/So 11–16 Uhr | Eintritt 12 Euro | Operntickets (80–270 Euro): operafestival.fi*

ESSEN & TRINKEN

CAFÉ SAIMA

Hier stimmt alles: wunderschönes Ambiente im Holzhaus, leckere Kuchen, finnischer Kaffee und Sommerterrasse. *Juni–Aug. tgl. | Linnankatu 11 | Tel. 0 15 51 53 40 | €*

KALASTAJAN KOJU

Die echten *muikku* (kleine Maränen) bekommst du hier frisch aus dem Saimaa-See und nach Omas Geheimrezept zubereitet. *Mai–Sept. tgl. | Marktplatz | Tel. 04 40 93 28 52 | €–€€*

LETTUKAHVILA KALLIOLINNA

Lettu (Crêpes) gibt es in tausend leckeren Variationen, aber vor allem die Lage ist der Hit. *Juni–Mitte Aug. tgl. | Insel Sulosaari | Tel. 04 08 28 66 00 | Facebook | €*

Stabil gebaut: Die Burg Olavinlinna hat alles, was eine Festung so braucht

AUSGEHEN & FEIERN

HUVILA

Ausschank der lokalen Waahto-Brauerei. Craft-Bier, eine Terrasse am See und die immer gut gelaunten Finnen verbreiten Urlaubsgefühle pur. *Juni–Aug. ab 12 Uhr | Puistokatu 4 | panimoravintolahuvila.fi*

RUND UM SAVONLINNA

12 LINNANSAARI-NATIONALPARK ★

40 km von Savonlinna/40 Min. via 14/471

Die seltene Saimaa-Robbe, aber auch Fischadler, Fischotter und Uhus leben hier. *SaimaaHoliday (Robbensafaris ab 79 Euro | Kiramontie 15 | oravi village.com)* veranstaltet Ausflüge mit dem Boot oder Kajak, auch in den benachbarten Kolovesi-Nationalpark ab Oravi sowie Taxiboot-Service zur Hauptinsel *(ab 20 Euro Hin- und Rückfahrt | Tel. 04 05 56 01 19)*. Ein ganz besonderer Wohlfühlstopp ist das Spa ☂ *Järvisydän (Porosalmentie 313 | Rantasalmi | jarvisydan.com/fi)*, ein in den Felsen eingelassenes Bad mit Seewasserbecken, fünf Saunen und Massagen zum Verwöhnen. *G11*

13 KERIMÄKI

23 km von Savonlinna/25 Min. via 14/71

Bis zu 5000 Personen passen hinein: Die größte Holzkirche der Welt wurde 1847 gebaut. Damals wohnten hier 12 000 Menschen, und ungefähr die Hälfte der Gemeinde sollte den Gottesdienst gemeinsam besuchen können. *Juni/Aug. tgl. 10–18, Juli bis 19 Uhr | Hälväntie 1 | G11*

14 PUNKAHARJU ★

35 km von Savonlinna/30 Min. auf der 14

Rechts Wasser, links Wasser, und das 7 km lang: Der Landrücken ist als Nationallandschaft geschützt und uneingeschränkt sehenswert. Auch im *Hotelrestaurant Punkaharju (Harjuntie 596 | Tel. 0 15 51 13 11 | hotelli punkaharju.fi | €€–€€€)*, einem charmanten Holzgebäude von 1840, spürst du den Zauber dieser Landschaft. *G12*

SCHÖNER SCHLAFEN IN SEENFINNLAND

BOLLWERK DER DEMOKRATIE

Das totale Aalto-Wohngefühl erlebst du im *Säynatsalon Kunnantalo (Parviaisentie 9 | Säynätsalo | Tel. 04 65 82 10 60 | tavolobianco.com | E11)*, dem Gemeindehaus von Säynätsalo, in zwei Gästezimmern *(€)* oder drei Apartments *(€€)*.

CAMPING MIT GLAMOUR

Es muss nicht immer *mökki* sein. Glamping-Erlebnis inklusive Frühstückskorb, Bettwäsche, Privatsee und Sauna erwartet dich im *Hidden House Pirttijärvi (Tyryntie 486 | Tel. 04 00 69 36 24 | hiddenhouse.fi | €€ | E12)*.

OSTFINNLAND

WILDE TIERE UND ENDLOSE WÄLDER

Im Nordosten der finnischen Seenplatte geht der Flickenteppich aus Wäldern und Seen allmählich über in ein Meer aus Baumwipfeln. Ein Naturgenuss besonderer Art wartet auf Besucher, die sich in die Heimat der Bären Elche, Luchse und Wölfe vorwagen.

Wirtschaftlich gilt das Gebiet als strukturschwach, ökologisch ist es eine Schatzkiste, denn der Landstrich entlang der russischen Grenze ist dünn besiedelt. Dörfer und Gehöfte liegen weit auseinander, und

Wilder Osten: Hängepartie über Schluchtwälder im Oulanka-Nationalpark

die riesigen Wälder und Moore lassen viel Raum für Tiere und Pflanzen. Am nordöstlichsten Rand der EU ist immer Platz geblieben für Geschichten, die man sich in der Stille erzählt. Hier liegt auch das Zentrum des orthodoxen Glaubens in Finnland und die mythische Wiege Finnlands: Das Nationalepos Kalevala stammt von hier.

OSTFINNLAND

MARCO POLO HIGHLIGHTS

★ **KOLI-NATIONALPARK**
Grandiose Aussicht vom Felsen Ukkokoli über den Pielinen-See ➤ S. 106

★ **KLOSTER UUSI VALAMO**
Zentrum des orthodoxen Glaubens in schöner Umgebung ➤ S. 104

★ **OULANKA-NATIONALPARK**
Wildwasserrafting im berühmtesten Wildnisparadies Finnlands ➤ S. 111

★ **FOTOSAFARI**
Mit dem Naturfotografen Lassi Rautiainen auf Schnappschussjagd in der Wildnis ➤ S.109

★ **HOSSA-NATIONALPARK**
Raue nordische Natur mit schroffen Schluchtenseen, historischen Felsmalereien und Rentierfarm ➤ S.110

NORD-KARELIEN

G-H 10-11 **Das historische Karelien zwischen Ostsee und Weißem Meer war jahrhundertelang Zankapfel zwischen Russen, Schweden und Finnen. Seit dem Zweiten Weltkrieg gehören nur noch Nord- und Südkarelien, das Gebiet um Lappeenranta, zu Finnland.**

Vor allem die mythischen Orte und Geschichten der Karelier sind im Nationalepos Kalevala festgehalten, bis heute ein Werk mit großer Bedeutung für das finnische Volk.

ZIELE IN NORDKARELIEN

1 KLOSTER UUSI VALAMO ★

Etwa 200 Mönche flüchteten im Winterkrieg 1940 aus ihrem Kloster auf der Insel Valaam im Ladogasee und gründeten im finnischen Heinävesi „Neu-Valamo". Die Anlage mit ihren vergoldeten Zwiebeltürmen ist ein Zentrum des orthodoxen Glaubens in Finnland. Über 150 000 Besucher kommen jährlich, um an Gottesdiensten teilzunehmen, Kunstschätze zu besichtigen oder Kurse zu besuchen. Das Büfett im Restaurant *Trapesa (So–Do 7.30–18, Fr/Sa ab 7 Uhr | 14 Euro)* ist beliebt, im Juli ist ein russischer Teetisch gedeckt *(tgl. 18–21 Uhr | 12 Euro)*. Die Mönche verkaufen Beerenwein, CDs, Ikonenbilder und Kerzen. *Tgl. | Eintritt frei, Führungen 6 Euro | Valamontie 42 | Tel. 0 17 57 01 11 | valamo.fi | 2 Std. | G11*

2 JOENSUU

Die größte Stadt Nordkareliens (75 000 Ew.) liegt idyllisch an der Mündung *(suu)* des Pielinen-Flusses (Joen) in den Pyhäselkä-See. Dank der Universität geht es hier recht modern zu. Nette Programmpunkte sind das hübsche *Kunsthandwerkzentrum Taitokortteli (Juli tgl., sonst Mo–Sa | Koskikatu 1 | taitokortteli.fi)* mit Café, Shops und Weberei, ein Selfie mit Kosiosusi, dem Wolf im Anzug am Marktplatz, Kulturforschung im *Nordkarelien-Museum (Pohjois-Karjalan Museo) (Mo–Fr 9–17, Sa/So 10–15 Uhr | Eintritt 5 Euro | Koskikatu 5)* und ein Karelia-Menü im Restaurant *Teatteriravintola (So geschl. | Rantakatu 20 | Tel. 01 02 31 42 50 (*) | €€)* von 1914.

Die karelische Gourmetvariante kocht *Kielo (So geschl. | Suvantokatu 12 | Tel. 0 13 22 78 74 | €€–€€€)*. Burger-Streetfood, Rote-Bete-Tartar und Ebereschen-Dessert gibt's im *Local Bistro (So geschl. | Koskikatu 9 | Tel. 01 03 23 49 33 | €€–€€€)* und den besten Kuchen im *Café Houkutus (So geschl. | Torikatu 24)*. An der lutherischen Kirche vorbei, kommst du zum Yachthafen an der Flussmündung , die Sommerterrasse ist ideal für ein Bier bei Sonnenuntergang. Achtung: Am 2. Juliwochenende zum Ilosaari-Rockfestival mit 21 000 Besuchern gibt es tolle Musik, aber keine Schlafplätze. Schön zum Baden ist der *Honkaniemi-Badestrand (Vainoniementie 7 | Linnunlahti). G11*

3 ILOMANTSI

In der östlichsten Gemeinde Finnlands (5600 Ew.) liegt das Runen-

Paradox? Das orthodoxe Kloster Uusi Valamo liegt inmitten üppiger Natur

sängerdorf *Parppeinvaara (Juni/Aug. tgl. 11–17, Juli 10–18 Uhr, sonst Mi 12–16 Uhr | Eintritt 8 Euro | Parppeintie 4c | parppeinvaara.fi)*, ein Freilichtmuseum für karelische Kultur und Tradition. Für Besucher erklingt hier auch die Kantele, das finnische Nationalinstrument. Im *Restaurant Parppeinpirtti (Mai–Sept. tgl., sonst Sa geschl. | Tel. 01 02 39 99 50 (*) | €€)* biegt sich der Tisch unter den karelischen Spezialitäten. Die sechs Zwiebeltürme der orthodoxen *Elias-Kirche (Mitte Juni–Mitte Aug. tgl. 11.30–17.30 Uhr | Kirkkotie)* erinnern an die Nähe zu Russland. Bei guter Sicht ist die Grenze vom 33 m hohen Turmrestaurant des Beerenweinguts *Hermanni (Juli tgl., Juni u. Aug. So geschl., sonst Sa/So geschl. | Käymiskuja 1 | Tel. 02 07 78 92 30 (*) | hermanninviinitila.fi | €–€€)* zu erahnen. Im 40 km entfernten Hattuvaara schildert das Museum *Taistelijan Talo (Juni–Aug. Mo–Fr 10–18, Sa/So 10–16 Uhr | Eintritt 8 Euro | Hatuntie 387 | taistelijantalo.fi)* die dramatische Kriegsgeschichte Finnlands. *visitkarelia.fi* | *H10*

4 LIEKSA

In der großflächigen Landgemeinde (12 000 Ew.) liegen die *Ruunaa-Stromschnellen* des Lieksanjoki-Flusses, die ideale Bedingungen zum Raften, Kanu fahren und Angeln bieten. Praktische Informationen, Boote und Unterkünfte gibt es im *Ruunaa-Besucherzentrum (Mai–Okt. | Neitikoskentie 47 | Pankakoski | Tel. 0 13 53 31 70 | ruunaa.fi)*.

30 km südlich liegen Wohnhaus und Werkstatt der bekannten Holzbildhauerin Eva Ryynänen (1915–2001). Sie verwandelte riesige Baumstämme in Tierskulpturen, Szenen und Personen aus der finnischen Mythologie.

Nein, du stehst nicht vor einer Fotowand: Der Blick auf den Pielinen-See ist echt

Ihr größtes Werk ist die Holzkirche von Paateri mit Baumwurzelaltar: *Ryynäsen Ateljee (Mitte Mai–Mitte Sept. tgl. 10–18 Uhr | Eintritt 7 Euro | Paateri 21 | Vuonisjärvi bei Lieksa)*. Deine beste Option für ein gutes Essen und Fahrradverleih ist das *Hostel Timitra (Timitrantie 3 | Tel. 04 43 33 30 44 | timitra.fi)* im Jugendstilgebäude. *G10*

5 KOLI-NATIONALPARK ★

Die bewaldete Hügelkette um den Felsengipfel *Ukkokoli* (347 m) mit Blick über den Pielinen-See bis nach Russland ist als finnische Nationallandschaft geschützt und das mit gutem Grund. Die Aussicht von der Liege im *Koli Relax Spa (kolirelaxspa.fi)* ist beeindruckend. Ausritte auf freundlichen Islandpferden, auch bei Temperaturen bis -18 °C bietet *Paimentupa (1–3½ Std. | ab 35 Euro | Kotaniementie 1 | paimentupa.fi)*. Die weltbesten karelischen *piirakka* (Piroggen) backt *B & B Männikkölän Pirtti (Pellikanlahdentie 1 | Nurmes | Tel. 04 00 88 98 45 | mannikkolanpirtti.com | €)*. Bei einem Backkurs *(3 Std. | 75 Euro)* kannst du dein eigenes Talent testen. Auf *autolauttapielinen.fi* erfährst du Termine und Preise der Autofähre nach Koli. *G10*

INSIDER-TIPP
Meisterbäcker

NORDSAVO

F–G 10–11 **Die Menschen in der wald- und seenreichen Gegend**

sprechen einen eigenen Dialekt. Sie gelten als humorvoll und gesprächig – für finnische Verhältnisse, also nicht zu viel erwarten! Sie leben bodenständig von der Forst- und Landwirtschaft, Metallindustrie und dem Tourismus. Aus Savo stammt *kalakukko:* Fisch, Fleisch und Speck im herzhaften Roggenbrot gebacken.

ZIELE IN NORDSAVO

6 KUOPIO

Auf einer Halbinsel im See Kallavesi gelegen, ist Kuopio (118 660 Ew.) Verwaltungssitz und kulturelles Zentrum der Region sowie Hauptsitz der finnischen orthodoxen Kirche. Reste der alten Holzstadt zeigt das *Korttelimuseo (Di–So 10–17, Mi 10–19 Uhr | Eintritt 8 Euro | Kirkkokatu 22 | kuopionkorttelimuseo.fi)*, in der Gasse *Pikku-Pietarin-Torikuja (Juni–Aug. Mo–Fr 10–17, Sa 10–15 Uhr | pikkupietarintorikuja.fi)* sind alte Gebäude mit Lädchen und Cafés zu neuem Leben erwacht. International bedeutsam ist das orthodoxe Kirchenmuseum *Riisa (Di–Do, Sa 12–16 Uhr | Eintritt 10 Euro | Karjalankatu 1 | riisa.fi)* mit über 800 Ikonen, die golden leuchten.

Verpass nicht die tolle Aussicht vom *Puijo-Aussichtsturm* mit Café *(Sept.–Mai Mo–Sa 10–18, So 10–14, Juni–Aug. Mo–Sa 9–20, So 10–18 Uhr | Eintritt 7 Euro | Puijontie 135).*

INSIDER-TIPP **Im Flugmodus**

Oder du buchst eine kurze Runde in der Cessna bei *WeFly (1–3 Pers. 210 Euro, max. 5 Pers. | ab Hafen | weflyfinland.fi).* In der *Jugendstilmarkthalle (Mo–Fr 8–17, Sa 8–15 Uhr)* am Marktplatz ein *kalakukko*, dann ab an den *Väinölänniemen-Strand (Väinölänniemi 26)* zum Beachvolleyball. Dienstags und donnerstags ist Rauchsaunaabend im *Flößercamp Jätkänkämppä (Juni–Aug. 16–22 Uhr | Sauna 15 Euro, Büffet 24 Euro | Katiskaniementie 8 | Tel. 03 06 08 31 00 | im Spahotel Rauhalahti | rauhalahti.fi)* mit Baden im See und Räucherfisch vom Büfett.

Eine der schönsten Schiffstouren startet bzw. endet in Kuopio: Die alte *M/S Pujo* fährt in zehn Stunden durch Kanäle und eine wunderschöne Seenlandschaft nach Savonlinna *(Mitte Juni–Anf. Aug. Di/Do/Sa ab Kuopio, Mo/Mi/Fr ab Savonlinna jeweils 9 Uhr | ab 95 Euro/Pers., mit Übernachtung u. Frühstück 180 Euro | mspuijo.fi).* Kürzere Touren bietet im Sommer *lakelandlines.fi.*

INSIDER-TIPP **Schleusenmarathon**

Im Winter ist das Skiresort *Tahko (tahko.com)* Hauptattraktion. Der Sessellift fährt auch im Sommer *(Ende Juni–Anf. Aug. Do–Sa 10–16 Uhr | 7 Euro)*, oder du nimmst die längste Holztreppe Finnlands (800 m) neben dem Restaurant *Tirol (Tahkolahdentie 125).* *F10*

7 IISALMI

Die Stadt (21 000 Ew.) ist Heimat der *Olvi-Brauerei (Brauereimuseum Mo–Fr 10–14 Uhr | Eintritt frei | Luuniemenkatu 4).* Das Pfarrhaus, in dem der Schriftsteller Juhani Aho Ende des 19. Jhs. aufwuchs, wurde zum *Juhani-Aho-Museum (Mitte Mai–Aug. tgl. 10–18 Uhr | Eintritt 3 Euro | Ouluntie 37)* mit Schreibmaschinen-Oldtimer umgebaut. Im winzigen Restaurant

Kuappi (Mai–Sept. tgl. 11–21 Uhr | zwei Tage vorher bestellen | Veikonkatu 1 | Tel. 0 17 81 66 44 | olutmestari.com | zwei Tage vorher bestellen | €€–€€€) darfst du keine Berührungsängste haben. Da dort nicht mal Platz für eine Küche ist, kommt dein Soulfood (und Olvi-Bier) vom großen Bruder nebenan. *🕮 F10*

KAINUU

🕮 F–G 8–9 **Für viele Reisende ist die unendliche Waldlandschaft von Kainuu Transitstrecke in Richtung Norden. Damit verpassen sie genau das, wonach sie suchen: Wildnis und Stille fernab der Zivilisation.**

Die Region ist ein Paradies für Wildnisfreunde, Naturfotografen und für Menschen auf der Suche nach Abgeschiedenheit. Hier liegt der fünftgrößte See Finnlands, der Oulujärvi-See. Im 19. Jh. lieferten die Wälder Kainuus den Teer für die Schiffsflotten Europas. Das „schwarze Gold" wurde in mit Fässern beladenen Teerbooten bis nach Oulu transportiert. Im Winter lockt das Skigebiet *Vuokatti* Tausende ins Schneevergnügen.

ZIELE IN KAINUU

8 KAJAANI

Die größte Stadt Kainuus (37 000 Ew.) wurde 1651 am Kajaani-Fluss zwischen den Seen Oulujärvi und Nuasjärvi gegründet. Hier lebte Elias Lönnrot, der 1835 das Nationalepos Kalevala veröffentlichte. Der Teerkanal von 1846 am *Karoliinenpark* erinnert an die Zeit der Teertransporte, die *Burgruine* an die Konflikte mit Russland. Drei bemerkenswerte Kirchen finden sich in der Region: Die *Kajaani-Kirche (Juni–Aug. tgl. 10–20 Uhr | Kirkkokatu 19)* (1896) aus Holz zählt zu den schönsten neugotischen Gebäuden Finnlands. Die *Bilderkirche von Paltaniemi (Mitte Mai–Mitte Aug. 10–18 Uhr | Paltaniementie 85)* zeigt Wandmalereien aus dem 18. Jh. Eine einzigartige *Jugendstilkirche* steht in Vuolijoki. Das wahre Roggenbrot (für eine starke Kaumuskulatur) und anderes backt die Bäckerei *Pekka Heikkinen (Mo–Fr 7–17.30, Sa 9–16, So 11–6 Uhr | Välikatu 7 | pekkaheikkinen.fi)* im 100-jährigen Holzofen. Auch mit Teergeschmack. *Murunen (Mo–Sa ab 11 Uhr | Kauppakatu 7 | Facebook: kahvila murunen)* ist ein supersympathisches Café mit Kakaoleckereien und Mittagessen. Kajaks am Oulujärvi-See verleiht *Luonnollisesti (Rikulantie 10 | Tel. 05 03 40 30 13 | luonnollisesti.fi). 🕮 F9*

9 KUHMO

Kammermusik im Nirgendwo, dafür ist das Städtchen (8000 Ew.) bekannt, und für das *Infozentrum Juminkeko (Mo–Fr 12–18 Uhr, Juli tgl. | Eintritt 5 Euro | Kontionkatu 25 | juminkeko.fi)*, das modernen Köpfen das Nationalepos Kalevala und die karelische Kultur erklärt. Im *Petola-Naturzentrum (Mitte Juni–Mitte Aug. tgl. 9–17, Mai/Sept./Okt. Mo–Fr 9–16 Uhr | Eintritt frei | Lentiirantie 342 | Tel. 0 40 08 25 60 60)* kannst du dir Wissenswertes über die Raubtiere Bär,

Luchs, Wolf und Vielfraß aneignen, die sich hier im Grenzgebiet besonders wohlfühlen, bevor du den Kuscheltieren auf einer ★ *Fotosafari (ab 170 Euro | wildfinland.org)* mit dem Naturfotografen Lassi Rautianinen auflauerst und spektakuläre Fotos von ihnen machst. Weitere Anbieter: *wild taiga.fi.* *G9*

10 RAATTEEN PORTTI

23 km östlich von Suomussalmi steht das *Avara Syli*-Denkmal: Für jeden der 105 Tage des Winterkriegs klingt eine Glocke im Wind, 17 000 Steinbrocken erinnern an die Gefallenen. Auf dem Gelände informiert auch ein *Museum (Mai–Okt. Kernzeit 12–16 Uhr | Eintritt 10 Euro | Raatteentie 2 | raatteenportti. fi)* über den Krieg von 1939/40 zwischen Russland und Finnland. *Freier Zugang rund um die Uhr | G8*

11 STILLES VOLK (HILJAINEN KANSA)

30 km nördlich von Suomussalmi erwartet dich eine merkwürdige Begegnung: Wie dahingezaubert taucht ein nahezu tausendköpfiges „Volk" am Straßenrand auf. Die Gestalten tragen Heufrisuren, an denen der Wind zerrt, Kleider aus einfachen Holzkreuzen hängen an ihren Körpern. Je nach Wetterlage wirkt das Stille Volk mürrisch, fröhlich oder nachdenklich. Und immer möchte man meinen, es lebt. Was es bedeutet? Der Künstler Reijo Kela schweigt hierzu. Ein Indiz immerhin: Die Heimat des Stillen Volks wurde während des Zweiten Weltkriegs hart umkämpft. Das *Wiesencafé (Anf. Juni und Mitte Aug.–Sept. 10–17 Uhr, Mitte Juni–Anf. Aug. 9–18 Uhr | niitty kahvila.fi)* backt Pfannkuchen, du kannst kostenlos im Heuschober übernachten (eigener Schlafsack). Frühstück, Abendessen, Moskitonetz und Lagerfeuer gibt's zu moderaten Preisen. *G8*

Vogelscheuchen? Außerirdische? Das „Stille Volk" gibt keine Antwort

NORDOSTEN

F–G 6–7 **In den Weiten des Nordostens verlieren sich die Menschen. Noch ist hier unverfälschter Naturgenuss möglich, doch der geplante Abbau von Uran, Gold und Kupfer beunruhigt die durch den Oulanka-Nationalpark bekannte Region.**

Der Nordosten *(koillismaa)* grenzt an Lappland. Klima und Landschaft sind bereits sehr nordisch, die Nächte im Sommer unglaublich hell, die Monate

Ein Thron zum Fläzen und ein Blick zum Weinen: spektakuläre Adlernest-Suite

ab Oktober schneereich und bitterkalt. Am schönsten ist ein Besuch, wenn die Mückenplage ab Mitte August abklingt und die Laubfärbung beginnt.

ZIELE IM NORDOSTEN

12 HOSSA-NATIONALPARK ★

2017 eingeweiht, erwarten dich auf 110 km² herrliche Naturerlebnisse: der 3 km lange Schluchtensee *Julma Ölkky* mit 50 m tief fallenden Felsklippen *(Bootstouren Mitte Juni–Mitte Aug. tgl. 10–19, bis Ende Aug. 10–16 Uhr| 17 Euro | julmaolkky.fi)*, der 40 m tiefe, glasklare See *Öllörijärvi (Info: hossa-kylmaluoma.fi)* und 4000 Jahre alte *Värikallio-Felszeichnungen*. Auf der Rentierfarm *Hossan Poropuisto (Mitte Juni–Sept. 11–18 Uhr | Mäntyniementie 10 | hossanporopuisto.fi | €€–€€€)* sitzst du auf fellbedeckten Holzbänken und isst Rentiergerichte. Braunbären beobachten geht auf der *Arola-Farm (Mitte April–Mitte Aug. | ab 80 Euro | Arolantie 5 | Ruhtinansalmi | arolabear.com)* nahe der russischen Grenze. *Besucherzentrum: März–Okt. | Jatkonsalmentie 6 | Ruhtinansalmi | Tel. 04 07 51 72 21 | nationalparks.fi/en/hossavisitorcentre | ▯ G7*

13 KUUSAMO

In der größten Stadt (15 000 Ew.) im Nordosten fällt die Hauptsaison in den Winter, wenn Tausende das Wintersportzentrum Ruka besuchen. Phantastische Tier- und Naturfotos zeigt das *Zentrum für Naturfotografie Hannu Hautala (Mo–Do 9–17, Fr 9–15 Uhr | Eintritt 5 Euro | Infozentrum Karhuntassu | Torangintaival 2)*. Ein kulinarisches Erlebnis auf Designgeschirr ist der *Chef's Table (89 Euro)* von

Jarmo Pitkänen *(nur nach Buchung im Voraus | Vuotungintie 152 | tundra.fi)*.

INSIDER-TIPP
Bärenheim

Verwaiste Bären und andere Raubtiere finden bei ihrem Ziehvater Sulo Karjalainen ein Zuhause im *Kuusamon Suurpetokeskus Oy* *(Mai–Sept. tgl. 10–17 Uhr | Eintritt 15 Euro | Keronrannantie 31 | über die 5/E 63 | Tel. 08 86 17 13 | kuusamon-suurpeto keskus.fi)* . Legendär ist der „Künstlerbär" Juuso. *G7*

14 POSIO

Die Gemeinde Posio (3100 Ew.) beherbergt das nördlichste Keramikzentrum der Welt, *Pentikmäki (Juni–Aug. tgl., sonst Mo–Sa | Eintritt frei | Maaninkavaarantie 4a | Tel. 02 07 22 03 30 (*) | pentik.com)* mit einer tollen Mosaikfassade, Keramikkunstgalerie, Shop und Café. *F7*

15 RUKA

Mit 34 Pisten, 26 Liften, Halfpipe und über 500 km Loipen gehört Ruka *(ruka.fi)* zu den großen Skiresorts in Finnland. Im Sommer führt eine 1000 m lange Sommerrodelbahn ins Tal, und Ruka wird zum Mekka für Mountainbiker, Wanderer und Paddler. *Ruka Safaris (rukasafaris.fi)* verleiht E-Bikes oder Kanus und bietet u. a. eine Saunatour mit 3-Gänge-Wildnismenü und Rafting an. *G6*

16 OULANKA-NATIONALPARK ★

Die eiszeitliche Flusslandschaft des Oulanjoki mit Wasserfällen, Schluchten und flechtenbehangenen Urwäldern ist eines der meistbesuchten Wildnisparadiese Finnlands und im September, zur Zeit der Herbstfärbung, besonders schön. Die bekannteste Wanderroute des Parks ist die *Bärenrunde (karhunkierros) (80 km | Dauer ca. 5 Tage | 7 Wildnishütten zum Übernachten)*, die zwar kein Rundweg ist, dafür aber gut ausgeschildert. Sie führt durch Schluchtwälder und vorbei an Stromschnellen und Wasserfällen. Der Rundweg *Kleine Bärenrunde (pieni karhunkierros)* ist mit 12 km Länge ein angenehmer Probelauf. Im *Basecamp Oulanka (Myllykoskentie 30 | Juuma | basecampoulanka.fi)* werden dreistündige leichte Raftingtouren für Familien *(44 Euro, 11–14 J. 29 Euro, 5–10 J. 19 Euro)* sowie anspruchsvolle Abenteuer über die Stromschnellen des Kitkajoki-Flusses *(135 Min. | 49 Euro)* angeboten. Am *Naturzentrum Oulanka (Liikasenvaarantie 132 | Liikasenvaara | Tel. 0 40 7 32 56 15 | outdoors.fi | €€)* mit Kiosk, Café und Hüttenvermietung führt ein leicht begehbarer Weg (1 km) zu den *Kiutaköngäs-Stromschnellen*. Info: *outdoors.fi* | *G6*

SCHÖNER SCHLAFEN IN OSTFINNLAND

ADLERAUGE

In der gläsernen Adlernest-Suite (Kotkanpesä) vom Hotel *Iso-Syöte (Isosyötteentie 246 | hotelli-isosy ote.fi | €€–€€€ | F7)* thronst du tatsächlich wie ein Adler auf der Spitze des Berges Iso-Syöte und hast freien Blick auf Nordlichter oder Mitternachtssonne. Ziemlich spektakulär!

LAPPLAND

HERBE NATURSCHÖNHEIT IM HOHEN NORDEN

Der größte Teil Lapplands liegt nördlich des Polarkreises und ist mit nur 184 000 Einwohnern extrem dünn besiedelt, jedoch reich an Rentieren. Bis zum Horizont erstrecken sich Wälder und feuchte Niederungen, überragt von rundlichen Felshügeln, den Fjells.

Acht Monate im Jahr beherrschen Eis und Schnee das Leben in Lappland. Hier vor allem sind in dunklen Winternächten Polarlichter am Himmel zu sehen. Wenn ab Februar die Tage länger werden, be-

Zieh dich warm an, wenn du im Rentierschlitten über den Inari-See gleitest!

reisen Tausende mit Motorschlitten, Rentier- oder Hundegespann und auf Skiern die Schneelandschaft. Der Sommer beginnt Mitte Juni und endet Anfang September mit der feurigen Laubfärbung *ruska.* Wanderer, Kanuten, Angler und Goldsucher trotzen dann den Mückenschwärmen, um die letzte große Wildnis Europas hautnah zu erleben. Auf *inarilapland.fi* findest du viele Anregungen für Abenteuer.

LAPPLAND

MARCO POLO HIGHLIGHTS

★ **BOOTSTOUR AUF DEM LEMMENJOKI**
Im Langboot stromaufwärts durch die wilde Flusslandschaft ➤ S. 119

★ **ARKTIKUM**
Die Geschichte nordischer Völker und ihrer Natur in einem preisgekrönten Gebäude ➤ S. 116

★ **KILPISJÄRVI**
Ein winziges Dorf und die höchsten Berge Finnlands. Wer sich hierher verläuft, verweilt ➤ S. 121

★ **INARI**
Zentrum der samischen Kultur am magischen Inari-See ➤ S. 118

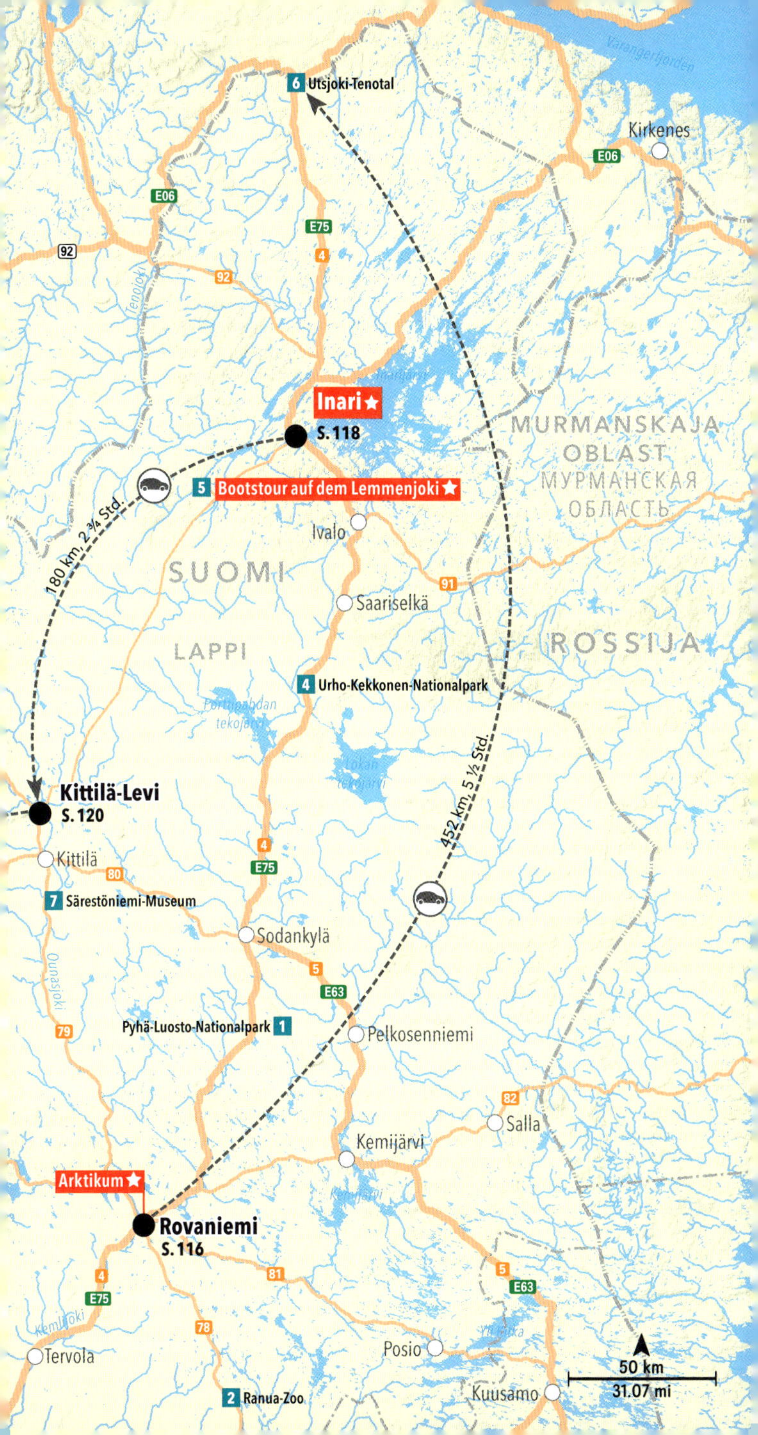
Varangerfjorden
6 Utsjoki-Tenotal
Kirkenes
E06
E06
92
92
E75
4
Tenojoki
Inarijärvi
Inari
S. 118
MURMANSKAJA
OBLAST
МУРМАНСКАЯ
ОБЛАСТЬ
180 km, 2 ¾ Std.
5 Bootstour auf dem Lemmenjoki
Ivalo
SUOMI
91
Saariselkä
LAPPI
ROSSIJA
4 Urho-Kekkonen-Nationalpark
Porttipahdan tekojärvi
Lokan tekojärvi
452 km, 5 ½ Std.
Kittilä-Levi
S. 120
4
Kittilä
E75
80
7 Särestöniemi-Museum
Sodankylä
Ounasjoki
5
E63
79
Pyhä-Luosto-Nationalpark 1
Pelkosenniemi
82
Salla
Kemijärvi
Kemijärvi
Arktikum
Rovaniemi
S. 116
4
81
5
E75
E63
Kemijoki
78
Yli-Kitka
Tervola
Posio
50 km
31.07 mi
2 Ranua-Zoo
Kuusamo

ROVANIEMI

E6 **Für lappländische Verhältnisse geht es in Rovaniemi (61 500 Ew.) recht lebhaft zu.**
Die Provinzhauptstadt am Polarkreis ist Wirtschaftszentrum, Verkehrsknotenpunkt und Tourismus-Hub. Da 1944 ein von der deutschen Wehrmacht verursachter Feuersturm 90 Prozent der alten Holzstadt zerstörte, ist das Stadtbild eher nüchtern, die Lage an der Mündung des Ounasjoki in den Kemijoki dafür umso idyllischer.

SIGHTSEEING

ARKTIKUM ★

Ein sphärischer Glaskomplex und zwei halb unterirdische Gebäude bilden den preisgekrönten Rahmen für das Wissenschaftszentrum und Museum. Zu sehen sind Ausstellungen über nordische Völker, die Natur und den Lebensraum Arktis. Eine Multivisionsshow lässt dich Polarlichter erleben, auch mythische Geschichten aus dem hohen Norden werden erzählt. *Juni–Aug., Dez.–Mitte Jan. tgl. 10–18 Uhr, sonst Di–So 10–18 Uhr | Eintritt 15 Euro, Kulturpass für alle drei Museen der Stadt 20 Euro | Pohjoisranta 4 | arktikum.fi | 2 Std.*

TIEDEKESKUS PILKE

Die höchst interaktive und kurzweilige Ausstellung der Landesforstbehörde zeigt dir alles rund um den Wald. *Jan.–Nov. Di–Fr 9–18, Sa/So 10–16 Uhr, Dez. tgl. 9–18 Uhr | Eintritt 7 Euro, 7–15 J. 5 Euro | Ounasjoentie 6 | tiedekeskus-pilke.fi | 1–2 Std.*

WEIHNACHTSMANNDORF (JOULUPUKIN PAJAKYLÄ)

Du liebst die Weihnachtstage? Im kleinen Holzdorf am Polarkreis kannst du jeden Tag Weihnachten feiern. Rotbemützte Wichtel bearbeiten Briefberge im Postamt, während Rauschebart *Joulupukki* Gäste zum Fototermin empfängt. Im Winter wird es besonders romantisch: Dann werden Rentier- und Hundeschlittenfahrten mit Festbeleuchtung veranstaltet. Nicht vergessen: die Polartaufe bei der Überquerung des Polarkreises. *Tgl. Juni–Aug. 9–18 Uhr, Dez.–7. Jan. 9–19, sonst 10–17 Uhr | santaclausvillage.info | 2 Std.*

ESSEN & TRINKEN

NILI

Das urige Restaurant ist im rustikalen Stil einer Jagdhütte eingerichtet und schöpft aus der nordischen Natur saisonale Zutaten und lappländische Inspiration. *Mo–Sa 17–23 Uhr | Valtakatu 20 | Tel. 0400369669 | nili.fi | €€–€€€*

RAVINTOLA ROKA

Im angesagten Bistro wird postindustrieller Ziegelwandcharme verströmt. Auf den Tisch kommt herzhaftes Essen, auch im Streetfood-Format. Die finnisch-amerikanischen Gerichte werden immer frisch zubereitet, dazu schmeckt ein lokales Bier. *Tgl. | Ainonkatu 3 | Tel. 0503116411 | ravintolaroka.fi | €–€€*

Gäb's das Arktikum nicht, es müsste erfunden werden, so lebendig wird hier die Arktis

RUND UM ROVANIEMI

1 PYHÄ-LUOSTO-NATIONALPARK

112 km von Rovaniemi/80 Min. via E75

Inmitten hügeliger Landschaft liegt als besonderes Highlight die *Lampivaara Amethystmine (Juni–Mitte Aug. tgl. 11–17 Uhr immer zur vollen Stunde, Mitte Aug.–Ende Sept. tgl. 11–16 Uhr, Okt. Di–So 11–15 Uhr, Dez.–April Mo–Sa 12 und 15 Uhr | Eintritt 19,50 Euro, 3–12 J. 10 Euro | amethyst mine.fi)*, die im kleinen Rahmen schonend Edelsteine abbaut. Wenn du bei der Führung unter die Erde einen Glücksamethyst findest, darfst du ihn mitnehmen. *F5–6*

2 RANUA-ZOO

79 km von Rovaniemi/1 ¼ Std. via 78

Im nördlichsten Zoo der Welt leben einheimische Tiere wie Bär, Luchs, Auerhahn und Uhu, Fischotter oder Nerz in ihrer natürlichen Umgebung. *Mökkis* und Restaurant bietet der Tierpark ebenfalls. *Tgl. Sept.–Mai 10–16 Uhr, Juni–Aug. 9–19 Uhr | Eintritt 18,50 Euro, Kinder 4–14 J. 16 Euro | Rovaniementie 29 | Ranua | Tel. 04 05 17 74 36 | ranuazoo.com | F7*

3 TORNIOTAL

123 km von Rovaniemi/1 ½ Std. via E75

Vom Aussichtsturm auf dem Felsenberg Aavasaksa bei Ylitornio hast du einen großartigen Blick auf den mächtigen Grenzfluss Tornio, Schweden und Lappland. An den *Kukkola-Strom-*

schnellen ziehen Fischer seit 800 Jahren Fische aus den Fluten, von halsbrecherischen Holzstegen aus. *Café Myllyn Pirtti (Jun.–Aug. tgl. | Koskitie | kukkolankoski.fi | €)* verkauft den Fisch frisch gegrillt direkt am Ufer.

Nordic Safari bringt dich im Schlauchboot über die Stromschnellen *(nordicsafaris.com | 40 Euro/Pers.)* Im Grenzstädtchen *Tornio* (22 300 Ew., schwed. Haapanranta) fliegt auf dem Zwei-Länder-Golfplatz ein Ball „eine Stunde“, bevor er landet – in Finnland. 18 Loch, davon 7 in Finnland und 11 in Schweden, bietet der *Meri-Lapin Golfklubi (Greenfee 50 Euro, Sa/So 55 Euro | Näräntie | torniogolf.fi).* Auch um Mitternacht, bei strahlendem Sonnenschein, wird hier gespielt.

INSIDER-TIPP
Im Zeitloch

Ein seltenes Kleinod ist die Holzkirche *Hedvig Eleonoran Kirkko (Juni–Juli Mo–Fr 12–18, So 15–18 Uhr | Seminaarinkatu 2)* von 1686, eine schmucke Stützpfeilerkirche mit Barockverzierungen. *D–E 6–7*

INARI

F3 ★ **Inari, die flächenmäßig größte Gemeinde Finnlands, ist mit nur 6900 Einwohnern auch die am dünnsten besiedelte. Der namensgebende Inari-See, drittgrößter See Finnlands, ist doppelt so groß wie der Bodensee und übersät mit 3000 Inseln.**

Für die Sámi, die hier 30 Prozent der Bevölkerung ausmachen, ist er ein

Auf schmalen Holzstegen balancierend, angeln Fischer an den Kukkoli-Stromschnellen

Heiligtum. Inari ist der beste Ort, um sich mit der Kultur der Samen vertraut zu machen.

SIGHTSEEING

SIIDA-SÁMI-MUSEUM

Geschichte, Lebensweise und Kultur der Sámi werden lebendig. Du siehst Gebäude, Tierfallen und Alltagsgegenstände und kannst schöne Souvenirs und Wanderkarten kaufen. Im Restaurant *(€–€€)* wird mittags ein Büfett aufgestellt, außerdem gibt es gute Fischgerichte. Im gleichen Gebäude: das *Nordlappland-Naturzentrum (Juni–Mitte Sept. 11–17 Uhr). Juni–Sept. tgl. 9–17, Okt.–Dez. Di–So 10–17, Jan.–Mai Mo–Sa 10–17 Uhr | Eintritt 10 Euro | Inarintie 46 | siida.fi*

SAJOS KULTURZENTRUM

Im architektonisch spannenden Gebäude mit Bücherei, Musikarchiv und Café *Čaiju* residiert das Sámi-Parlament. Der ⚑ *Duidj-Shop (Mo–Fr 10–17 Uhr)* verkauft Produkte sámischer Kunsthandwerker und Künstler. *Mo–Fr 9–17 Uhr | Eintritt frei | Kittiläntie 1*

ESSEN & TRINKEN

AANAR

Das Sámi-geführte Restaurant wurde zum finnischen Restaurant des Jahres 2020 gewählt. Es ist auf arktische Gerichte in moderner Verpackung spezialisiert, authentisch, hell und mit Aussicht auf den Fluss. Nicht verpassen! *Tgl. Anf. Juni–Anf. Sept. 11–22 Uhr, sonst 14–21.30 Uhr | Saarikoskentie 2 | hotelkultahovi.fi | €€–€€€*

RUND UM INARI

4 URHO-KEKKONEN-NATIONALPARK

70 km von Inari nach Saariselkä/ 55 Min. via E75

2530 km² Wildnis. Das Skiresort *Saariselkä* liegt am nördlichen Parkrand, das Fjellzentrum *Kiilopää (Mai/Okt. geschl. | Kiilopääntie 620 | kiilopaa.fi)* ist Startpunkt für Wanderungen. Gold schürfen im Goldgräberdorf *Tankavaara (Juni–Sept. tgl. 10–18 Uhr, Okt.–Mai 9–21 Uhr | Eintritt ab 10 Euro/ 1 Std. | Tankavaarantie 11c | Tel. 016626171 | tankavaara.fi)* macht Spaß, auch wenn die Schüssel mal leer bleiben sollte. *nationalparks.fi/urhokekkonennp* | *F4*

5 BOOTSTOUR AUF DEM LEMMENJOKI ★

45 km von Inari/40 Min. via 955

2 kg Gold wie in den 1870er-Jahren wirst du nicht mehr finden, aber du kannst dich wie ein Goldsucher in einem Langboot der Sámi den Lemmenjoki-Fluss hinauffahren lassen auf einer wildromantischen Tour durch das unberührte Flusstal bis zur alten Goldgräberhütte *Hamina*. Bootsfahrten und Goldwaschen organisiert *Café Ahkuntupa (Mitte Juni–Mitte Sept. tgl. | Njurguilahti | Tel. 016673435 | ahkuntupa.fi)*, bei *Paltto Elämysretket (Lemmenjoen kylätie 100 | Tel. 0400287544 | paltto.fi)* kannst du außerdem Filzprodukte kaufen und Filzen lernen. *E4*

Dick einpacken, dann auf zur Rentiersafari!

6 UTSJOKI-TENOTAL

125 km von Inari nach Utsjoki/ 1 ½ Std. via E75

Nur ein paar Minidörfer und nichts als wilde Natur erwarten dich im weiten, offenen Tal des Tenoflusses, der Grenze nach Norwegen. Was man hier macht? Entschleunigen, Lachse angeln und die Aussicht genießen. In *Utsjoki* (642 Ew.) bietet *Holiday Village Valle (Ellintie 25 | Tel. 04 00 94 82 10 | holidayvillagevalle.fi)* viele Aktivitäten von der Rentiersafari über den Kanutrip bis zum Fotoworkshop an. Weiter östlich liegt *Nuorgam* (214 Ew.), die nördlichste Siedlung Finnlands. Eismeertouren zum Fangen (und natürlich Essen) der riesigen Königskrabben veranstaltet das Ferienzentrum *Holiday Village* *(5 Std. 245 Euro/ Pers. ab 4 Erw. | Nuorgamintie 4401 | Tel. 04 00 29 46 69 | nuorgaminlomakeskus.fi)*. Weiter westlich geht es nach *Karigasniemi* (315 Ew.) mit dem heiligen Berg *Ailigas* (620 m). Hier bietet *Tenon Eräkievari (Rovisuvannontie 59 | Tel. 04 06 79 53 20 | Facebook | €)* Zimmer und Hütten, solide Hausmannskost und Angel- oder Paddeltouren. *E3–F2*

INSIDER-TIPP
Eiskrabbe im Korb

KITTILÄ-LEVI

E5 **Das Party-Skiresort Kittilä-Levi mit Flughafen umfasst 43 Pisten und 28 Lifte. Die Aussicht vom Levi-Fjell ist ganzjährig grandios.** Im Sommer fährt der Skilift *(Lift inkl. Bike Juni–Sept. 10–8 Uhr | 4 Euro | Hissitie)* Mountainbiker auf die Pisten. *Kinos Safarit (Myllyjoentie 1 | kinossafaris.com)* organisiert Angel- und Paddeltouren oder Quad-Safaris. So viel Aktivität macht durstig: Retter ist die Brauerei *Levin Panimo & Pub (Pub tgl. 11–2 Uhr, Restaurant 13–23 Uhr | Levinraitti 1 | levinpanimo.fi).*

RUND UM KITTILÄ-LEVI

7 SÄRESTÖNIEMI-MUSEUM

27 km von Kittilä/23 Min. per 79

Abgeschiedenheit war wichtig für den bekanntesten finnischen Maler der

INSIDER-TIPP Finnischer Picasso

Neuzeit, Reidar Särestöniemi (1925–81). In diesem alten Bauernhof, erweitert um Studio und Galerie, brachte er leuchtende Farben, abstrakte Landschaften und mythische Gestalten auf die Leinwand. *Di–Sa 12–18 Uhr | Eintritt 12 Euro | Säreströntie 880 | Kaukonen | sarestoniemimuseo.com |* E5

8 PALLAS-YLLÄSTUNTURI-NATIONALPARK

66 km von Kittilä/54 Min. per 79

Den drittgrößten Nationalpark Finnlands dominiert eine 100 km lange baumlose Hochebene *(Fjells)*. Mit drei Besucherzentren (Pallas, Hetta und Äkäslompolo) und Wanderwegen bzw. Skiloipen in allen Längen und Schwierigkeitsgraden eignet er sich für Wildnisprofis und Anfänger. Besonders beliebt ist der 55 km lange *Hetta-Pallas-Trail* im Nordteil des Parks *(Info: outdoors.fi)*. Im Winter sind Huskytouren von *Harriniva (ab 90 Euro/Pers. für 1 ½ Std. | Muonio | Tel. 0400 155100 | harriniva.fi)* ein Highlight. Das Skiresort *Ylläs* hat die höchsten Fjells und sogar eine Saunagondel im Skilift *(yllas.fi)*. Auch Ausritte auf freundlichen Islandpferden werden angeboten *(ab 53 Euro für 1 Std. | Kuerlinkantie 2 | Äkäslompolo | yllaksenvaellushevoset.fi)*. D–E4

KILPISJÄRVI

C3 ★ **Das winzige Sámi-Bergdorf Kilpisjärvi (100 Ew.) im Nordwestzipfel Finnlands ist umgeben von den höchsten Bergen des Landes.**

Das Dorf bietet sich als Standort für Wanderer an. Ein Rundweg (24 km) führt durch das Naturschutzgebiet Malla zum Dreiländereck Finnland, Schweden und Norwegen. Auf den heiligen Berg *Saana* (1029 m) führen Wanderwege von 5 bis 12 km Länge. Zum höchsten Berg des Landes *Halti* (1324 m) wanderst du auf der *Kalottireitti-Route*, Infos unter *outdoors.fi*. Ideal gelegen für Wanderer ist das *Kilpisjärven Retkeilykeskus (120 Betten | Tel. 016 537771 | kilpisjarvi.info | €)*. Ein Linienbus fährt täglich von Rovaniemi ins Bergdorf *(8 ½ Std.)*. Info: *tosilappi.fi*

SCHÖNER SCHLAFEN IN LAPPLAND

EISIGE RUHE

In Bettgestellen aus Eis bei einer Innentemperatur zwischen -2 und -5 °C nächtigen? Klingt cool, und ist im Spezialschlafsack auch kein Problem. Im Eishotel des *Lainio Snow Village (Mitte Dez.–Mitte April | Lainiotie 99 | Kittilä | snowvillage.fi | €€€ | E5)* liegst du bei mystischer Beleuchtung im Rieseniglu.

HIMMLISCHE RUHE

Sterne und Nordlichter faul vom Bett aus betrachtest du im *Wilderness Hotel Muotka (Sept.–März | Muotkantie 204 | nellim.fi | €€ | F3)* in Aurora-Hütten mit Glaskuppel.

ERLEBNIS TOUREN

Lust, die Besonderheiten der Region zu entdecken? Dann sind die Erlebnistouren genau das Richtige für dich! Ganz einfach wird es mit der MARCO POLO Touren-App: Die Tour über den QR-Code aufs Smartphone laden – und auch offline die perfekte Orientierung haben.

1 SCHÄRENTOUR

- Mit Fahrrad und Fähren durch die Schären
- Schärenspezialitäten und viel frische Luft
- Tolle Aussichtspunkte und Sommerstädtchen Naantali

Start: Turku
Ziel: Turku
Strecke: 135 km
Dauer: 2 Tage, reine Fahrzeit 9 Stunden

Beste Reisezeit: Mitte Juni–Mitte Aug.
Ein Leihfahrrad bringt **Bike Rent** *(Tel. 0440224161 | polkupyoravuokraamo.fi)* zu deinem Hotel.
Es gibt keinen Fahrradweg auf der Ringstraße, aber auf dem Rückweg ab 12 **Naantali**.

Wink mit der Walflosse: Im Hafen von Turku geht die Schärentour los

SCHÄRENBLICKE & SCHAFHERDEN

Du startest in ❶ **Turku** ➤ S. 66 an der Touristinfo. *Über den Aura-Fluss geht es Richtung Süden durch Vororte in Richtung Kaarina. Fahr über Kaskentie, Uudenmaantie, Södra Bågen, Kataraistentie, Pyhä Katariinantie und Paraistentie, bis du die Schärenringstraße 180 erreichst.* Du überquerst zwei Brücken mit einer wunderbaren Aussicht in die Schären und gelangst auf die Insel **Kirjala**. *Fahr dann parallel zur 180 auf dem ruhigeren Timmerkärsvägen-Weg. Kurz vor der nächsten Brücke zweigt rechts der Skråbbontie-Weg ab.* Ganz am Ende kannst du auf dem ❷ **Schafhof Stentorp** *(tgl. 12–18 Uhr | stentorp.fi)* naturbelassene Woll- und Lederprodukte erwerben.

FELDSTEINKIRCHEN & RÄUCHERFISCH

Zurück auf der Ringstraße, geht es nach ❸ **Parainen**, eine von allen Seiten vom Meer umfangene Stadt mit sehenswerter Altstadt und **Feldsteinkirche** von 1460 sowie dem größten **Kalksteinbruch** Skandinaviens. *Über Skräbbölevägen und Cementvägen radelst du auf der 180 zum* ❹ **Sommercafé Sattmark** *(Juni–Aug. tgl. | Sattmark 1 | Parainen | sattmark.fi).* Stürz dich am Strand ins Meer und genieß beim Kapitänshäuschen

TAG 1

❶ Turku

24 km

❷ Schafhof Stentorp

6,5 km

❸ Parainen

9,5 km

❹ Sommercafé Sattmark

22 km

5 Norrströmmen-Brücke

3 km

6 Nauvo

TAG 2

15 km

7 Aussichtsturm Ilmavalvontatorni

9,5 km

8 Ravintola Röölänranta

4 km

9 Rymättylän Kirkko

Gegrilltes, Sandwiches, Beerenkuchen und Kaffee. *Gestärkt gelangst du nach Lillmälö* zur Fähre, die dich kostenlos zur Insel **Pikku Nauvo** bringt. Weiter geht's bis zur **5 Norrströmmen-Brücke** mit wunderschönem Blick auf die Schären. In **6 Nauvo** fährst du bis zum **Köpmans Café & Restaurant** *(Rantapolku 3 | Tel. 04 06 43 44 30 | kopmans.fi/en | €€)*. An der **Feldsteinkirche Nauvo** aus dem 14. Jh. vorbei, kommst du zum **Gasthafen** mit frischem Räucherfisch, Restaurants für das Abendbrot oder ein Bier auf der Terrasse.

GUTE AUSSICHTEN

Nach einem frühen Frühstück fährst du mit **MS Östern** *(Mitte Mai–Ende Aug. tgl. 3 Abfahrten | ostern.fi)* nach **Hanka**. *An der 1890 hältst du beim Schild (Karhuvuori, Ilmavalvontatorni) und kletterst den steilen Pfad links hoch* zum **7 Aussichtsturm Ilmavalvontatorni**. *Auf der 1890 gelangst du nach* **Röölä**, wo du dich im Hafen im **8 Ravintola Röölänranta** *(Juni–Aug. tgl. | Rööläntie 405 | Tel. 04 01 80 90 17 | ravintolaroola.fi | €–€€)* bei einer Pause erholst. *Du fährst weiter auf der 1890, bis beim Dorf Rymättylä links der Vanhatie abzweigt*, der dich zur **9 Rymättylän Kirkko** aus dem Jahr 1510 bringt. *Fahr weiter und zurück auf die 189, von dieser auf den ruhigeren Kuralantie, im Dorf Ylttinen rechts auf dem Ylttistentie und zurück zur 189. Ein Stück weiter liegt in* **Poikko** das Restaurant **⑩ Pohjakulma** *(Mitte Juni–Mitte Aug. Di–So 11–16 Uhr | Rymättyläntie 1089 | Tel. 0 22 52 27 71 | pohjakulma.fi | €€).* Genieß dort ein Mittagessen mit Schärenspezialitäten.

9,5 km

⑩ Pohjakulma

10,5 km

BUMMEL DURCH DIE SCHÖNE ALTSTADT

Du fährst weiter auf der 189 auf die große Särkänsalmenbrücke und links auf den Luonnonmaantie. Kurz bevor es wieder auf die 189 geht, tankst du Erfrischung am **⑪ Kultaranta Kiosk** *(Mai–Aug. tgl. 8–22 Uhr, sonst Mo–Sa 8–17 Uhr | Luonnonmaantie 12). Auf der 189 kommst du nach* **⑫ Naantali** ➤ S. 70 und bummelst durch die malerische Altstadt. *Über Kaivokatu, Tullikatu, Aurinkotie, Ruonan-Yhdystie, Linkkikatu, Vantontie und Nesteentie gelangst du zum* **⑬ Gasthafen Hahdenniemi**. Jenseits der Bucht ist hier die große Werft von Turku zu sehen. *Fahr den Radweg am Nesteentie, dann rechts den Telakkatie bis zum Upalingontie. Du folgst dem Fahrradweg geradeaus, überquerst den Raision-*

⑪ Kultaranta Kiosk

1,5 km

⑫ Naantali

7,5 km

⑬ Gasthafen Hahdenniemi

Idylle pur auf Nauvo. Willst du wirklich weiterradeln?

12 km

① Turku

joki und nimmst den Weg am Fluss entlang bis zum Ende des Grüngebiets nach Süden. Weiter geht es parallel am Pansiontie/der E63, dann rechts in die Hertig Johans Parkgata, bis rechts die Satamakatu abzweigt, die dich an der Burg vorbei zurück nach ① **Turku** bringt.

② PADDELN IM SEENGEBIET

- ➤ **Das labyrinthische Seengebiet vom Kajak aus erleben**
- ➤ **Leichte Stromschnellen spielend meistern**
- ➤ **Baden & picknicken direkt am Wasser**

Kieväri Rantapirtti

Beerenweingut Uusi-Yijälä

23 km Paddeltour, 56 km Autofahrt

1 Tag, reine Paddelzeit 10 Stunden

Mitnehmen: Wasserdichter Behälter (kann gemietet werden), Kompass, finnisches Mückenspray, Sonnencreme, Sonnenschutz, Wechselkleidung, Windjacke, Proviant (u. a. Grillgut), Erste-Hilfe-Päckchen, Karte

Achtung: Bei ① **Kieväri Rantapirtti** ist die Einführung auch am Vorabend der Tour dort möglich. Bei niedrigem Wasserstand sind die Stromschnellen gut zu befahren. Prüf auf dem Kompass deine Paddelrichtung. Die Wasserwege winden sich, und falsch abzubiegen kann einen großen Umweg bedeuten.

① Kieväri Rantapirtti

18 km

② Kirveslahti-Steg

1 km

③ Petäjäveden vanha kirkko

MIT DEM KAJAK ZUR ALTEN KIRCHE

Du startest beim Bootsverleih ① **Kieväri Rantapirtti** *(Petäjävedentie 447 | Koskenpää | Tel. 0 14 76 71 15 | kp-rantapirtti.fi)*, der dich zusammen mit den Kajaks zum Startpunkt der Tour bringt: an den ② **Kirveslahti-Steg** im Kirchdorf **Petäjävesi** ➤ S. 93. Nach dem Abladen der Boote (und evtl. Einführung) paddelst du *aus dem Hafen hinaus in Richtung Südwesten, unterquerst eine Eisenbahnbrücke und fährst weiter zum Steg der* ③ **Petäjäveden vanha kirkko**, an der du anlegst – so,

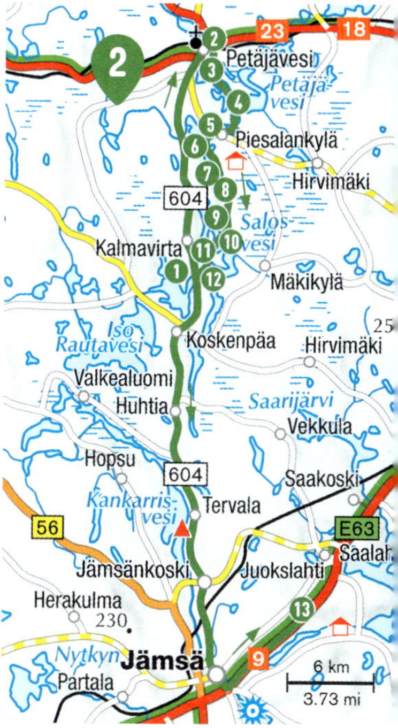

wie es die Finnen schon vor 200 Jahren taten. Auch heute noch findet hier manche Hochzeit mit einem Kirchboot ihren würdigen Abschluss. Die alte Kirche gehört zum Unesco-Weltkulturerbe und ist einen Besuch wert.

GRILLEN NACH DEM BADEN

Danach paddelst du weiter unter der Brücke hindurch nach Süden auf den Petäjävesi-See und hältst dich am linken Ufer. Drei Inseln gleiten rechts vorbei. Du fährst in Richtung Südosten durch den schmalen Lehmäkurkku hindurch bis zur Insel ❹ **Pirkonsaari**. Dort legst du am Ufer an und gönnst dir eine Pause. Geh schwimmen und mach danach ein Picknick, es gibt auch eine Feuerstelle. *Du paddelst gerade nach Süden und durchquerst die Enge von Majaniemi. Hier biegst du scharf in nordwestlicher Richtung ab und gelangst in ein schmales Flussstück,* wo das erste Paddelabenteuer in Gestalt einiger ❺ **Stromschnellen** auf dich wartet. Wenn du dich unsicher fühlst, check die Lage zunächst vom Ufer aus. *Bald danach kommt eine Straßenbrücke in Sicht. Unter der Brücke befindet sich die Hankakoski-Stromschnelle. Diese musst du am linken Ufer an Land umgehen (200 m). Danach paddelst du auf die gegenüberliegende Seite in eine kleine Bucht, an zwei Sommerhäusern vorbei zum Steg vom* ❻ **Finnschaf-Hof Piiku** *(Piesalantilantie 17 | vorher telefonisch anmelden: Tel. 0408474424 | piiku.eu).* In der Filzerei findest du tolle Wolle und Schaffelle.

VOM RUHIGEN FLUSSLAUF ZUR STROMSCHNELLE

Du fährst weiter, ein herrlicher Blick öffnet sich auf den Suolisvesi-See. *Du orientierst dich am linken Ufer und paddelst dann nach Südwesten in den 6 km langen* Flussabschnitt ❼ **Suolisjoki**. Genieß den verschlungenen, natürlichen Flusslauf und die Ruhe in der ab-

5 km
❹ Pirkonsaari
3 km
❺ Stromschnellen
1,5 km
❻ Finnschaf-Hof Piiku
4 km
❼ Suolisjoki
1 km

Paddeln ist eines der schönsten Naturerlebnisse in Finnland

wechslungsreichen Landschaft. Halt Ausschau nach Wasservögeln, die oft am Ufer brüten. Nun kommt die nächste, aber leichte Herausforderung, die ❽ **Ravunkoski-Stromschnelle** und *etwas weiter* die ❾ **Lapinkoski-Stromschnelle**. *Der Fluss fließt erneut auf eine Brücke zu. Am Kalliokoski-Energiewerk musst du erneut aussteigen und dein Kajak über Land 100 m tragen.*

AUF DEM SEE SCHAUKELN

Besichtige die ❿ **Fischtreppe Kalliokoski** und paddel dann *den engen Fluss weiter unter einer zweiten Brücke hindurch, bis der Blick sich auf den großen Salosvesi-See öffnet. Du überquerst die Wasserfläche in südwestlicher Richtung.* Bei Wind kann es hier etwas schaukeln, und du musst stärker paddeln, um voranzukommen. Dein Ziel ist die schmale Landspitze ⓫ **Kuivaniemi** am nordwestlichen Ende der großen Insel Kuivaniemi. Hier gibt es einen Rastplatz. Wander gemütlich zum großen Findling **Teufelsstein** und erkunde die Umgebung. Vielleicht findest du Beeren zum Naschen. *Am westlichen Ufer des Sees paddelst du weiter nach Süden, bis du bei* ⓬ **Kieväri Rantapirtti** anlegst und deine Kajaktour beenden.

NACH DEM WEINCHEN SELIG SCHLUMMERN

Du hast es geschafft! Nach der Rückgabe der Boote geht es mit dem Auto *über die 604/6040/Yhdystie und die 9/E 63 nach Jämsä* zum Abendessen ins ⓭ **Beerenweingut Uusi-Yijälä** *(Restaurant So/Mo geschl. | Jyväskyläntie 808 | Tel. 04 56 51 14 05 | patapirtti.fi | €€–€€€)*, einem Hof aus dem Jahr 1784 mit ökologischer Landwirtschaft, einer Weinboutique und Gästezimmern, in denen du nach einem ereignisreichen Tag in seligen Schlaf fallen kannst.

❽ Ravunkoski-Stromschnelle
1,5 km
❾ Lapinkoski-Stromschnelle
2 km
❿ Fischtreppe Kalliokoski
2 km
⓫ Kuivaniemi
2 km
⓬ Kieväri Rantapirtti
38 km
⓭ Beerenweingut Uusi-Yijälä

3 WINTERSPASS IN LAPPLAND

- Nordlichter und eine Nacht im phantastischen Eishotel
- Auf leisen E-Schneemobilen durch den Pulverschnee
- Mit Huskyschlitten durch die verschneite Wildnis

Oulu — Kamisak

687 km — 5 Tage, reine Fahrzeit 9 ½ Stunden

Mitnehmen: Warme Kleidung (Daunenjacke, Überhose, Wollsocken, warme Unterwäsche, gefütterte Stiefel), Fausthandschuhe, Mütze, Gesichtsmaske, wasserfreie Hautcreme, Sonnenbrille, Sonnencreme

Nur im Februar und März fährt der 3 **Eisbrecher Sampo** regelmäßig. **Huskysafari** unbedingt vorbestellen. Auf den geräumten, aber oft mit Schnee bedeckten Straßen sind Schneeverwehungen möglich. Alle Wagen haben Spikereifen. Auch im Auto warme Kleidung tragen, sonst besteht Erfrierungsgefahr bei Pannen! Bei Temperaturen unter -5° C nicht mit feuchter Haut an Metall fassen.

DINNER BEI MINUSTEMPERATUREN

Du startest deine Reise in 1 Oulu ➤ S. 78, wo du deinen Mietwagen abholst und dann *auf der 4/E 75 nach* Kemi fährst. Dein Ziel ist die 2 Schneeburg LumiLinna. Nach der Besichtigung der Burg und dem Check-in ins angeschlossene Schneehotel *(Tel. 04 08 31 82 73* genießt du im gleichen Komplex dein warmes Abendessen im -5 °C frostigen Schneerestaurant *(nur mit Reservierung unter Tel. 0 16 25 88 78 | €€€)*. Warm verpackt, schlummerst du in deinem einzigartigen Eiszimmer, das schon im Mai wieder dahingeschmolzen sein wird.

TAG 1

1 Oulu

111 km

2 Schneeburg LumiLinna

TAG 2

12 km

3 Eisbrecher Sampo

SONNENAUFGANG IN DER ARKTIS

Am *Hafen Houtskari* startet der 3 Eisbrecher Sampo *(experience365.fi/icebreakersampo)* um 8.30 Uhr zur

127 km

❹ Rovaniemi

TAG 3

62 km

❺ Weihnachtsmann-dorf

108 km

❻ Luosto

TAG 4

10 km

❼ Rentierfarm Kopara

ersten Kreuzfahrt. Erlebe den arktischen Sonnenaufgang vom Schiff aus und ein herrlich „erfrischendes" Bad in den Eisschollen. *Danach geht es durch die Schneelandschaft Richtung Norden auf der 4/E 75 nach* ❹ Rovaniemi ➤ S. 116. Das Arctic Light Hotel *(arcticlighthotel.com)* ist eine luxuriöse, umweltbewusste Unterkunft. Als Partner des WWF setzt sie sich für Eisbären ein. Am Morgen saust du dann auf einem leisen, abgasfreien Elektro-Schneemobil in den arktischen Sonnenaufgang. Buchung bei Aurora eMotion *(3 Std. | ab 175 Euro | Lehtoahontie 27 | Sinettä | auroraemotion.com).*

INSIDER-TIPP
Lautloser Flitzer

SCHNAPSIDEE: POLARKREISTAUFE

Danach geht es auf der E 75 ins ❺ Weihnachtsmanndorf ➤ S. 116, wo das Christmasfeeling 365 Tage im Jahr nicht vergeht. Hier wartet mit einer kleinen Zeremonie auch noch etwas Besonderes auf dich: die Polarkreistaufe. Individualreisende müssen sie beim ersten Überschreiten des Polarkreises selbst organisieren, mit Zertifikat, Hochprozentigem und einer Kelle Eiswasser oder Schnee in den Nacken (Zertifikat einen Tag vorher bei *arcticcircleinfo.fi* bestellen und abholen).

Landgang der frostigen Art: Schnell wieder an Bord des Eisbrechers Sampo!

DEM POLARLICHT GANZ NAH

Danach fährst du auf der 4/ E 75 zum Pyhä-Luosto-Nationalpark. Durch das wildromantische Gebiet zieht sich eine 35 km lange Bergkette. *Nach ca. 100 km biegst du ab auf die 962 nach* ❻ Luosto, einem der besten Orte, um Nordlichter zu beobachten. Übernachten kannst du im Hotel Aurora *(santashotels.fi/fi/hotelaurora).* Buch am besten gleich zwei Nächte, eine davon im Glasiglu, damit du die Nordlichter gemütlich vom Bett aus beobachten kannst.

SCHLITTENFAHRT MIT RENTIEREN

Auf der 962 fährst du nach Pyhätunturi. Die ❼ Rentierfarm Kopara *(Luostontie 1160 | Tel. 0405879949 | kopara.fi)* bietet Rentier-Schlittenfahrten durch die bezaubernde Schneelandschaft. Du fühlst dich wie der Weihnachtsmann und lernst daneben viel über Rentierhaltung. Im ❽ Luosto Skizentrum *(Offpiste 4 | Tel. 0406849101)* kannst du viele Wintersportmöglichkeiten nutzen, wie Schneeschuhwanderungen oder Langlaufskifahren. Nachdem du dich verausgabt hast, *fährst du den Weg zurück zum Hotel.*

21 km

❽ Luosto Skizentrum

TAG 5

163 km

❾ Goldgräberdorf Tankavaara

71 km

❿ Kamisak

TOURHÖHEPUNKT: HUSKYSAFARI

Auf der 4/E 75 geht es Richtung Ivalo. Im ❾ Goldgräberdorf Tankavaara *(tgl. 9–21 Uhr | tankavaara.fi)* erfährst du alles über den Goldrausch in Lappland und kannst dein Glück beim Goldwaschen herausfordern. *Auf der E 75 kommst du nach* Ivalo, wo dich der Abschluss deiner Tour und auch Höhepunkt der Lapplandreise erwartet: eine rasante Huskysafari! ❿ Kamisak *(Rovaniementie 915 | Ivalo | Tel. 0505707871 | kamisak.com)* bietet zwei-, vierstündige, auch auch drei- bis fünftägige Huskytouren mit Übernachtung in einer Wildnishütte oder einem Zelt an.

GUT ZU WISSEN

DIE BASICS FÜR DEINEN URLAUB

ANKOMMEN

ANREISE

Direktflüge aus Deutschland zum internationalen Flughafen Helsinki-Vantaa dauern knapp 3 Std. Die bequemste Verbindung vom Flughafen in das Zentrum von Helsinki ist die Ringbahn. Sie fährt alle 10 bis 15 Min. zum Hauptbahnhof *(Fahrzeit 30 Min.)*. Ein Sammeltaxi kostet 20–25 Euro *(Fahrzeit ca. 35 Min.)*, ein mobiles Ticket für den Linienbus 615 4,10 Euro.

+ 1 Stunde Zeitverschiebung

Die osteuropäische Zeit ist der mitteleuropäischen um eine Stunde voraus: Uhren also um eine Stunde vorstellen.

Das eigene Auto kannst du auf den Fähren Travemünde–Helsinki der *Finnlines Reederei* mitnehmen, die auch eine Verbindung von Kapellskär (Schweden) nach Naantali anbietet. *Wasaline.com* bedient die Strecke von Umeå (Schweden) nach Vaasa, und *tallinksilja.com* fährt täglich von Stockholm nach Turku und Helsinki bzw. von Tallinn nach Helsinki.

EINREISE

Bei Aufenthalten unter drei Monaten genügt für Bürger der EU und der Schweiz der Personalausweis.

KLIMA & REISEZEIT

In Finnland herrscht östliches Kontinentalklima. Dies bedingt arktisch-kalte Temperaturen im Winter (bis zu -40 °C) und warme bis heiße Tage im Sommer (bis zu 30 °C), sodass die Wassertemperaturen durchaus 20 °C erreichen. Es ist selten schwül und am

Hochgefühl: Gleich saust du runter vom Levi-Fjell ins verschneite Tal

Abend wird es schnell kühl. Die nördliche Lage bedingt lange, helle Tage im Sommer und kurze, dunkle Tage im Winter. Nördlich des Polarkreises scheint im Sommer die Mitternachtssonne, im Winter herrscht Polarnacht mit Nordlichtern. Touristische Hochsaison im Sommer ist Mitte Juni bis Mitte August, im Winter Anfang Februar bis Ende April. Wettervorhersagen: *en.ilmatieteenlaitos.fi.*

WEITER-KOMMEN

AUTO

Finnland hat ein gut ausgebautes Straßennetz, in ländlichen Gebieten häufig Schotterstraßen. Es herrscht Rechtsverkehr sowie Gurtpflicht auf Vorder- und Rücksitz. Das Abblendlicht muss immer eingeschaltet sein. Die Alkoholhöchstgrenze liegt bei 0,5 Promille. Die Höchstgeschwindigkeit in geschlossenen Ortschaften beträgt 50 km/h, außerhalb 80 bis 100 km/h, auf Autobahnen in Südfinnland 120 km/h. Es gibt zahlreiche Überwachungskameras, Bußgelder werden einkommensabhängig berechnet. Im finnischen Straßenverkehr gilt rechts vor links, andernfalls ist nur ausgeschildert, auf die Vorfahrt zu achten. Ausnahme: Autos im Kreisverkehr, abfahrende Busse und Straßenbahnen haben – wie in Deutschland – immer Vorfahrt.

Das Tankstellennetz ist gut ausgebaut. Angeschlossen sind oft Cafés, Imbisse und Lebensmittelläden. Mehrsprachige 24-Std.-Tankautomaten, die Standard-Kreditkarten akzeptieren, sind verbreitet. In Nordfinnland und Lappland ist die Netzdichte geringer, Etappen gut planen (Übersicht über die

Tank- und Raststätten: *abcasemat.fi, teboil.fi).* Preisvergleiche per App bieten u. a. *fuelfellow.com* oder *polttoaine.net*. Wer im Winter über Land fährt, sollte unbedingt Schaufel, Abschleppseil, Startkabel, Sandsack und Decken (!) im Gepäck haben.

INLANDSFLÜGE

Finnland hat 20 Inlandflughäfen, die alle über Helsinki angeflogen werden. An den Flughäfen gibt es Busverbindungen in den jeweiligen Ort, Autovermietungen sowie Taxis.

MIETWAGEN

Internationale sowie örtliche Autovermietungen findest du in jeder größeren Gemeinde. Wohnmobile *(matkailuautot)* sind im Juli stark nachgefragt, rechtzeitig im Voraus buchen! Die Preise sind höher als in Deutschland. Aufgrund der großen Entfernungen auf ausreichend freie Kilometer achten, ein Begleitheft auf Englisch ist ebenfalls nützlich.

ÖFFENTLICHE VERKEHRSMITTEL

Es gibt regelmäßige Bahnverbindungen bis nach Kemijärvi und Kolari in Lappland, auch einen Auto- und Nachtzug über Oulu nach Rovaniemi. Im Ballungsraum Helsinki verkehren Nahverkehrszüge (kein Ticketverkauf im Zug! HSL-App oder Automaten). Mehrmals täglich fährt der Zug Allegro von Helsinki nach St. Petersburg. Online-Ticketverkauf ist Standard, Tickets sind an verfügbare Sitzplätze gebunden. Info: *vr.fi*.

Fernbusse fahren auch in abgelegene Teile des Landes. Abfahrtszeiten und Fahrpläne findet man online bei *matkahuolto.fi, opas.matka.fi* und auf *perille.fi*, wo alternative Reisemöglichkeiten mit Preisvergleich und CO2-Fußabdruck angegeben sind. *Vakiovuoro* hält „an jeder Milchkanne", *Pikavuoro* sind Expressbusse mit weniger Stopps. *Linja-autoasema* heißt Busbahnhof. Bei Frühbuchung gibt es bei *onnibus.com* oft Dumpingpreise für Städteverbindungen. In Helsinki bietet *whimapp.com* alle Verkehrsmittel aus einer Hand.

IM URLAUB

AUSKUNFT

Umfangreiche allgemeine Informationen findest du auf der Website *infofinland.fi* (auf Englisch). Die Finnische Zentrale für Tourismus betreibt das Reiseportal *visitfinland.com*. Es wird (auch auf Deutsch) regelmäßig aktualisiert. Ein Ansprechpartner für alle möglichen Fragen zu Finnland ist die Deutsch-Finnische Gesellschaft *(Tel. 0341 99 99 74 50 | dfg-ev.de)*, vor Ort sind die lokalen Tourismusbüros erste Anlaufstelle.

ERMÄSSIGUNGEN

Mit der Museumskarte *(69 Euro | museot.fi)* gibt es landesweit „freien" Eintritt in 300 Museen. Helsinki Card bietet neben kostenlosem Eintritt in viele Museen auch Sightseeing-Touren sowie Nachlässe in zahlreichen Restaurants, Shops und Sehenswürdigkeiten *(Gültigkeitsdauer 24, 48, 72 Std. | online 44/52/59 Euro)*.

FESTE & EVENTS

RUND UMS JAHR

FEBRUAR/MÄRZ

Musica nova (Helsinki): Zeitgenössische Avantgartekunst. *musicanova.fi*

APRIL

April Jazz: (Espoo): Internationale Jazzgrößen. *apriljazz.fi*

MAI

Maailma kylässä (Helsinki): Weltmusik kostenlos. *maailmakylassa.fi*

JUNI

Tuska Festival (Helsinki): Heavy-Metal-Freiluft-Rockfestival. *tuska.fi*

Midnight Sun Film Festival (Sodankylä): Kino unter der Mitternachtssonne. *msfilmfestival.fi*

Mittsommerfest: Landesweite Party

JULI

Tangofestival Seinäjoki: Tango total, auch Tanzkurse. *tangomarkkinat.fi*

Kammermusikfestspiele Kuhmo: Kammermusik in der Wildnis Ostfinnlands. *kuhmofestival.fi*

Kaustinen Folk Musik Festival: Größtes und ältestes Folkfestival im Norden. *kaustinen.net*

Ilosaarirock Joensuu: Riesenrock-event auf fünf Bühnen. *ilosaarirock.fi*

Pori Jazz: 15 000 Jazzfreunde und Künstler von Weltruf (Foto). *porijazz.fi*

★ ***Opernfestspiele Savonlinna***: Weltklasse-Opernaufführungen in mittelalterlicher Kulisse. *operafestival.fi*

AUGUST

Helsinki Festwochen: drei Wochen Kulturprogramm. *helsinkifestival.fi*

Pyhä unplugged & Luosto Classic (Pyhä-Luosto-Nationalpark): Konzerte in einer Felsenschlucht. *pyha.fi*

SEPTEMBER

Helsinki Design Week (Helsinki): Größtes Designfestival der nordischen Länder. *helsinkidesignweek.com*

NOVEMBER

Tampere Jazz Happening: Freejazz, Rock und Weltmusik. *tampere.fi/jazz*

FEIERTAGE

1. Jan.	Neujahr
6. Jan.	*Loppiainen* (Dreikönigstag/ Weihnachten der russisch-orthodoxen Kirche)
März/April	*Pitkäperjantai* (Karfreitag) *Pääsiäinen* (Ostern)
1. Mai	*Vappu* (Maifeiertag, Tag der Arbeit/ Studentenfest)
Mai/Juni	*Helatorstai* (Christi Himmelfahrt); *Helluntai* (Pfingsten)
Fr/Sa nach dem 20. Juni	*Juhannus* (Mittsommerfest)
6. Dez.	*Itsenäisyyspäivä* (Unabhängigkeitstag)
24.–26. Dez.	*Joulu* (Weihnachten)

GELD & KREDITKARTEN

Zahlungsmittel ist der Euro, Kartenzahlung ist weit verbreitet. Mit der EC-Karte kann man an Bankautomaten problemlos Geld abheben. In Helsinki, Turku, Tampere, Jyväskylä und Oulu gibt es Forex-Wechselstuben. Mobile Zahlungen über Handy/Smartphone z. B. für Bus und Metro, Parken (App: EasyPark) oder Einkäufe sind üblich. Da alle Beträge auf 5 Cent gerundet werden, sind keine 1- oder 2-Cent-Münzen im Umlauf. Wenn dir ein finnisches Exemplar dieser Münzen in die Hände kommen sollte, halte es fest: Dieses seltene Kleingeld ist bei Sammlern begehrt.

INTERNETZUGANG & WLAN

Offenes WLAN findet man in Hotels, Touristeninfos und Büchereien. Helsinki unterhält ein High-Speed-WLA-Netz in allen öffentlichen Gebäuden der Stadt (Übersichtskarte: *short.travel/fin17*). Diese App listet Mobile-Hotspots in ganz Finnland: *wiman.me/finland*.

JEDERMANNSRECHT

Nach altem Gewohnheitsrecht darf man sich in der Natur frei bewegen und für den Eigenbedarf Blumen, Beeren und Pilze pflücken, solange diese nicht geschützt sind. Kurzfristiges Zelten ist mit Abstand zu privaten Gebäuden erlaubt, ebenso das Anlegen am Ufer mit dem Boot. Zum Schutz der Natur und zur Bewahrung des sozialen Friedens ist es verboten, Müll in die Natur zu werfen, andere zu stören, brütende Vögel und Wildtiere zu beunruhigen, Bäume zu fällen, Haustiere frei laufen zu lassen, Holz auf Privatgrund zu sammeln und allgemein die Natur zu schädigen. Offenes Feuer ist nur an ausgewiesenen Feuerstellen gestattet, und die Feuerwarnstufen sind zu beachten: *en.ilmatieteenlaitos.fi/warnings*.

KARTEN

Reguläre Karten gibt es bei *karttakauppa.fi*, Reliefkarten beim Landesvermessungsamt *maanmittauslaitos.fi/en/e-services/mapsite*. Wanderkarten bekommst du bei Nationalparkzentren und online von Metsähallitus unter *excursionmap.fi*.

ÖFFNUNGSZEITEN

Supermärkte haben meist Mo–Fr 9–21 und Sa 9–18 Uhr geöffnet, im Dezember sowie Mitte Juni bis Mitte August auch So 12–21 Uhr. Sonstige Geschäfte handhaben ihre Zeiten recht individuell. Banken sind meist 10–16 Uhr geöffnet. Museen und Sehenswürdigkeiten ändern ihre Zeiten saisonbedingt zum Teil erheblich, am besten vorher im Internet checken. *R-Kioski* sind meist bis 20 Uhr, manche auch bis 23 Uhr geöffnet, *ABC Servicestationen* 24 Stunden, auch an Wochenenden.

WAS KOSTET WIE VIEL?

Kaffee	4,50 Euro *für einen Café Latte*
Bahnticket	21 Euro *für die Strecke Helsinki–Tampere*
Bier	ab 6 Euro *für 0,5 l*
Obst	5 Euro *für 1 Pfund Erdbeeren*
Benzin	ca. 1,41 Euro *für 1 Liter*
Süßes	2,50 Euro *für eine Tafel Schokolade*

POST

Kernöffnungszeiten der Postämter: Mo–Fr 9–18 Uhr *(posti.fi)*. Für einen Brief nach Deutschland zahlst du ab 1,60 Cent. Briefmarken gibt es auch bei *R-Kioski*, in Buchläden, Hotels oder am Bahnhof. Zunehmend übernehmen auch Supermärkte den Postdienst (Öffnungszeiten der Läden beachten).

PREISE

Die Lebenshaltungskosten sind in Finnland höher als in Mitteleuropa. Deutlich teurer als in Deutschland sind alkoholische Getränke. Auch für Restaurantbesuche am Abend musst du um einiges mehr ausgeben.

SPRACHE

Finnisch und Schwedisch sind die Landessprachen in Finnland. Die meisten Finnen sprechen gut Englisch, auch Deutschkenntnisse sind verbreitet.

TELEFON & HANDY

Die internationale Vorwahl für Finnland ist *00358*, danach folgt direkt die Teilnehmernummer ohne die Null am Anfang. Bei Inlandsgesprächen ist immer die vollständige Nummer zu wählen. Vorwahl nach Deutschland: *0049;* Österreich *0043;* Schweiz *0041*.

In Finnland gibt es überhaupt keine Telefonzellen mehr, alles wird über das Mobiltelefon abgewickelt. Finnische Prepaid-Karten kannst du bei *R-Kioski*, an Tankstellen und bei *Sonera, Saunalahti, DNA, Elisa* und *Tele-Finland* kaufen.

UNTERKUNFT

Von den insgesamt ca. 350 Campingplätzen sind 200 im Campingverband *(camping.fi)* organisiert. Diese geben mit der Campingcard Europe *(18 Euro)* Ermäßigungen. Die meisten Plätze bieten auch einfache Übernachtungshütten *(ab 40 Euro/Tag)* oder komfortablere Ferienhäuser *(70–120 Euro/Tag)*. Zelt oder Caravan kosten 10–25 Euro pro Tag, selten mehr. Die meisten Campingplätze bieten neben einer Sauna am Wasser auch Bootsverleih.

Mökkis, also die typisch finnischen Ferienhäuser, gibt es zahlreich, überall und in vielen Varianten: Einfache Wildnishütten für Wanderer findest du auf *nationalparks.fi/huts*, Ferien- oder Wildnishütten der staatlichen

Forstbehörde auf *metsa.fi/majoittuminen),* klassische Ferienhütten vermietet *lomarengas.fi.* Häuschen direkt vom Besitzer gibt es unter *huvila.net.* Die Preise starten bei 300 Euro und reichen bis weit über 1000 Euro/Woche, je nach Lage, Zeitpunkt und Ausstattung.

Unterkünfte auf Biobauernhöfen organisiert der Verein *ECEAT (luomumatkailu.fi).* Wer sich Kost und Logis durch Mitarbeit verdienen möchte, wendet sich an *wwoofindependents.org/home.*

Finnische *bed & breakfasts* sind meist schön gelegen, oft nostalgisch eingerichtet und kosten ab 50 Euro für ein Doppelzimmer *(bedandbreakfast.eu).* Eine Übersicht der Hostels gibt es auf *hostellit.fi/en.*

ZOLL

EU-Bürger können Waren für den persönlichen Bedarf zollfrei einführen, wenn sie bestimmte Obergrenzen nicht überschreiten. Info: *tulli.fi.* Bei Einfuhr nach Deutschland: *zoll.de.*

NOTFÄLLE

AUTOPANNE

24-Std.-Pannendienst bietet auch Autofahrern mit ausländischen Kennzeichen die Organisation *Autoliitto*, die vergleichbar ist mit dem ADAC: *Tel. 02 00 80 80 (*) | autoliitto.fi*

DIPLOMATISCHE VERTRETUNGEN

– *Botschaft der Bundesrepublik Deutschland | Krogiuksentie 4B | Helsinki | Tel. 09 45 85 80 | helsinki.diplo.de*

– *Botschaft der Republik Österreich | Unioninkatu 22 | Helsinki | Tel. 0 96 81 86 00 | bmeia.gv.at/oeb-helsinki*

– *Botschaft der Schweiz | Kalliolinnantie 16 A 2 a | Helsinki | Tel. 0 96 22 95 00, in Notfällen: Tel. 05 03 01 71 28 | eda.admin.ch/helsinki*

GESUNDHEIT

Die Gesundheitsversorgung wird in Finnland über Gesundheitszentren *(terveysasema* bzw. *terveyskeskus)* abgewickelt. Größere Gesundheitszentren sowie Krankenhäuser verfügen auch über eine Notaufnahme *(päivystys).* Mit der Europäischen Krankenversicherungskarte (EHIC) ist für Deutschland und Österreich eine kostenlose ambulante Versorgung bei Unfällen oder Erkrankungen gewährleistet.

Gesundheitliche Risiken: In Süd- und Mittelfinnland besteht die Gefahr, sich in den Wäldern durch Zeckenstiche zu infizieren und an einer Frühsommer-Meningoenzephalitits zu erkranken. Lass dich gegebenenfalls dagegen impfen. Im Winter kann es zudem extrem kalt werden. Dann besteht das Risiko von Unterkühlung, auch Erfrierungen sind dann möglich.

NOTRUF

Die *Polizei* erreicht man über die Nummer *112.* Unfälle müssen der *Zentrale der finnischen KFZ-Versicherer* gemeldet werden, die Schadensfälle mit ausländischen Autos abwickelt: *Tel. 04 04 50 45 10*

WICHTIGE HINWEISE

HUNDE

Hunde benötigen den EU-Heimtierpass. Sie müssen gechipt und 1–5 Tage vor Ankunft gegen Fuchsbandwurm entwurmt worden sein *(Info: ruokavirasto.fi)*. In Städten herrscht Leinenzwang, für den Auslauf gibt es eingezäunte Hundeparks. Nicht alle Vermieter von Sommerhäusern akzeptieren Haustiere. Auf den Fähren ist die Zahl der Hundekabinen begrenzt. Sehenswürdigkeiten und Badestrände sind für Hunde tabu. Eine Karte der Hundeparks *(koirapuisto)*, tierfreundlichen Restaurants *(ravin tola)*, Tierärzte *(eläinlääkäri)* und Hundebadestrände *(uimapaikka)* findest du auf *tassutkartalla.fi*.

MÜCKEN & ANDERE PLAGEN

Mücken und Lästlinge aller Art, sogenannte *ötökkä*, sind untrennbar mit dem finnischen Sommer verbunden. Geeignete Gegenmittel findest du vor Ort in Supermärkten und Apotheken. Für gemütliche Abende am See gibt es Räucherspiralen, in Lappland ist bei Wanderungen auch eine Art Imkernetz vor dem Gesicht sinnvoll. Zecken gibt es südlich der Linie Oulu–Joensuu, ein Risiko zur Übertragung von Borreliose oder Hirnhautentzündung besteht auf Åland und an der Westküste bis Oulu. Der Fuchsbandwurm ist in Finnland bisher nicht nachgewiesen, Beeren und Pilze kannst du unbesorgt sammeln.

WETTER IN HELSINKI

Hauptsaison (Juni–Aug.) / Nebensaison (Jan.–Mai, Sept.–Dez.)

	JAN.	FEB.	MÄRZ	APRIL	MAI	JUNI	JULI	AUG.	SEPT.	OKT.	NOV.	DEZ.
Tagestemperaturen	-3°	-4°	0°	6°	13°	19°	22°	20°	15°	8°	4°	0°
Nachttemperaturen	-8°	-9°	-6°	0°	6°	11°	14°	13°	9°	4°	0°	-4°
Sonnenschein Stunden/Tag	1	2	5	6	8	10	9	7	5	3	1	1
Niederschlag Tage/Monat	12	9	7	9	7	8	9	10	10	11	11	12
Wassertemperatur in °C	1	1	1	2	5	11	16	16	13	9	5	3

Sonnenschein Stunden/Tag · Niederschlag Tage/Monat · Wassertemperatur in °C

SPICKZETTEL FINNISCH

SMALLTALK

ja/nein/vielleicht	kyllä/ei/ehkä
bitte/danke	ole hyvä/kiitos
Hallo!/Auf Wiedersehen!/ Tschüss!	Hei! Terve! Moi!/Näkemiin!/ Heippa! Moikka! Moimoi!
Gute(n) Tag!/Abend!/Nacht!	Hyvää päivää!/Hyvää iltaa!/ Hyvää yötä!
Entschuldige!/Entschuldigen Sie!	Anteeksi!
Darf ich …?	Saanko …?
Wie bitte?	Anteeksi, kuinka?
Das gefällt mir (nicht).	Pidän siitä./En pidä siitä.
Ich möchte …/Ich suche …	Haluaisin …/Etsin …
Wie heißen Sie?/Wie heißt Du?	Mitä teidän nimenne on?/ Mitä sinun nimesi on?
Ich heiße …	Minun nimeni on …
Ich komme aus …	Minä olen …

ZEIGEBILDER

ESSEN & TRINKEN

Die Speisekarte, bitte.	**Saisinko ruokalistan./Toisitteko ruokalistan.**
Könnte ich bitte ...haben?	**Saisinko ...?**
Flasche/Karaffe/Glas	**pullo/kannu(ruukku)/lasi**
Messer/Gabel/Löffel	**veitsi/haarukka/lusikka**
Salz/Pfeffer/Zucker	**suola/pippuri/sokeri**
Essig/Öl	**etikka/öljy**
Milch/Sahne/Zitrone	**maito/kerma/sitruuna**
mit/ohne Eis/Kohlensäure	**jäillä/ilman jäitä/hiilihappo**
Vegetarier(in)/Allergie	**kasvissyöjä/allergia**
Ich möchte zahlen, bitte.	**Lasku, olkaa hyvää.**
Rechnung/Quittung/Trinkgeld	**lasku/kuitti/juomaraha**

NÜTZLICHES

Wo ist ...?/Wo sind ...?	**Missä on ...?/Missä ovat ...?**
Wie viel Uhr ist es?	**Paljonko kello on?/Mitä kello on?**
heute/morgen/gestern	**tänään/huomenna/eilen**
Wie viel kostet ...?	**Kuinka paljon maksaa ...?**
Darf ich dich/Sie/hier fotografieren?	**Saanko ottaa sinusta/teistä/ täällä valokuvan?**
Ich möchte ... mieten.	**Haluaisin vuokrata ...**
ein Auto/ein Fahrrad	**auto/polkupyörä**
kaputt/funktioniert nicht	**rikki/se ei toimi**
Ich habe eine Panne./Werkstatt	**Autossani on vika./(auto-)korjamo**
Internetanschluss/WLAN	**internet-yhteys/wlan**
Apotheke/Bäckerei/Markt	**apteekki/leipomo/(kauppa)tori**
Toiletten/Damen/Herren	**WC (vessa)/Naiset/Miehet**
offen/geschlossen	**auki/suljettu**
Eingang/Ausgang	**sisäänkäynti/uloskäynti**
Hilfe!/Achtung!/Vorsicht!	**Apua!/Huomio!/Varokaa!**
0/1/2/3/4/5/6/7/8/9/10/ 100/1000	**nolla/yksi/kaksi/kolme/neljä/ viisi/kuusi/seitsemän/kahdeksan/ yhdeksän/kymmenen/sata/tuhat**

Finnisch wird so gesprochen, wie es geschrieben wird; doppelte Vokale oder Konsonanten sind daher doppelt so lang – das ist wichtig, da sonst Missverständnisse möglich sind (tuuli = Wind, tuli = Feuer). Jedes Wort wird auf der ersten Silbe betont.

URLAUBS FEELING

ZUM EINSTIMMEN & AUSKLINGEN

LESESTOFF & FILMFUTTER

DAS JAHR DES HASEN (1993)

Arto Paasilinna, ein Meister des skurrilen nordischen Humors, schildert in Büchern wie diesem den finnischen Mann zwischen Himmel, Natur und gesellschaftlicher Hölle

HELDEN DES POLARKREISES (2010)

In Dome Karukoskis Film geht alles schief, was im dunklen, kalten Lappland schiefgehen kann. Drei Männer, alle Chaoten, brauchen viel Durchhaltevermögen, um die selbst verursachten Katastrophen bis zum halbwegs glücklichen Ende zu überstehen.

MUMINS LANGE REISE (1945)

Der erste der neun Bände der finnlandschwedischen Schriftstellerin Tove Jansson über die liebenswerte Trollfamilie. Es gibt nichts Schöneres, als im *mökki* in die tief-philosophische Welt der Mumins einzutauchen.

DIE ANDERE SEITE DER HOFFNUNG (2017)

Wie ergeht es einem syrischen Flüchtling im Wunderland Finnland? Aki Kaurismäkis Hauptfiguren taumeln am Rand des Abgrunds in einer bizarren und kalten Welt. Er gewann damit den Regiepreis der Berlinale 2017.

PLAYLIST QUERBEET

0:58

TIMO VÄÄNÄNEN – RIPOSTI
Sphärisch-rhythmischer Folk auf der Elektro-Kantele, einer Art Zither

TIMO ALAKOTILA & JUHANNA JUHOLA – SYLVESTERI
Jazz mit Tango-Akkordeon

NIGHTWISH – OVER THE HILLS AND FAR AWAY
Eine der erfolgreichsten Symphonic-Metal-Bands mit der Sopranistin Tarja Turunen

WIMME (SAARI) – SOAHKE-SUOVVA (BIRCH SMOKE)
Der Sámi kombiniert traditionellen Joik-Gesang mit eigenen Improvisationen

JEAN SIBELIUS – FINLANDIA OP. 26
Das bekannteste Orchesterwerk des finnischen Komponisten

VÄRTTINÄ – PÄIVÄN NOUSU
Typischer Folksong der bekanntesten finnischen Folkband

Den Soundtrack zum Urlaub gibt's auf **Spotify** unter **MARCO POLO Finland**

Oder Code mit Spotify-App scannen

AB INS NETZ

FINLAND EMOJIS
Kostenlos herunterladen im App Store oder bei Google Play

LUONTOPORTTI.COM/SUOMI/DE
Online-Bestimmungsbuch mit Fotos und Beschreibungen für alle finnischen Pflanzen, Vögel, Schmetterlinge, Fische und Landschaften

NORDNERDS.COM
Zusammenschluss von begeisterten Nordland-Bloggern. Über Finnland schreiben u. a. Finnweh, Tarjas Blog und Mahtava

EAT.FI/EN
Einheimische bewerten hier Restaurants. In verschiedenen Stufen (ab Stufe 3 = gut) werden Kochkunst, Preis-Leistungs-Verhältnis und Erlebniswert klassifiziert. Alle Lokale mit Adressen, Karte und genauen Öffnungszeiten

MUSEOT.FI/EN.PHP
Sehr praktisch: 300 Museen mit Kurzbeschreibung, Anschrift, Ausstellungsplan und Öffnungszeiten, dazu eine Suchfunktion nach Ort, Museumstyp oder Name

TRAVEL PURSUIT

DAS MARCO POLO URLAUBSQUIZ

Weißt du, wie Finnland tickt? Teste hier dein Wissen über die kleinen Geheimnisse und Eigenheiten von Land und Leuten. Die Lösungen findest du in der Fußzeile. Und ganz ausführlich auf den S. 20–25.

❶ Welches Gewürz wird in Finnland für das süße Gebäck „Ohrfeige" verwendet?
a) Kardamom
b) Ingwer
c) Zimt

❷ Welcher Finne oder welche Finnin erhielt vom Papst eine Medaille?
a) Präsident Martti Ahtisaari
b) Opernsängerin Soile Isokoski
c) Literaturdozent Dr. Ammondt

❸ Was ist die Lieblingsspeise des finnischen Nationaltiers, des Braunbären?
a) Insekten
b) Blaubeeren
c) Pilze

❹ Welche Gebäude tragen in Finnland den Titel *arvotalo*?
a) Jugendstilhäuser
b) Kirchen
c) Markthallen

❺ Wie viele weibliche Abgeordnete saßen 1907 im ersten finnischen Parlament?
a) 2
b) 7
c) 19

Lösungen: 1c, 2c, 3b, 4a, 5c, 6b, 7a, 8b, 9b, 10c, 11a

Hunger! Was futtern große und kleine Bären am liebsten?

6 Was ist das am häufigsten in Finnland vorkommende Tier?
a) Kleine Maräne
b) Mücke
c) Rentier

7 Wie lautet die wichtigste Saunaregel?
a) Nicht streiten
b) Nicht laut reden
c) Nicht lachen

8 Was bedeutet Unikko?
a) Einhorn
b) Mohnblüte
c) Traum

9 Wie heißt die Polarnacht auf Finnisch?
a) Revontuli
b) Kaamos
c) Kantele

10 Was bescheren einem die Zauberkräfte im Sampo, einem Gerät aus dem finnischen Nationalepos Kalevala?
a) Langes Leben
b) Glück in der Liebe
c) Ewigen Wohlstand

11 Wie viele Fälle kennt die finnische Sprache?
a) 16
b) 10
c) 6

REGISTER

BLOSS NICHT!

FETTNÄPFCHEN UND REINFÄLLE VERMEIDEN

ÖFFENTLICH RAUCHEN

Das Rauchen in öffentlichen Gebäuden, Hotels, Restaurants und Kneipen ist verboten. Finnen rauchen selbst zu Hause meist nur auf dem Balkon oder im Hof. Selbst dies ist oft unerwünscht. Lieber nachfragen.

AUS DER REIHE TANZEN

Finnen warten geduldig, bis sie an der Reihe sind. Um Drängeleien zu vermeiden, können Kunden im Supermarkt oder in Ämtern meist eine Nummer ziehen und werden der Reihe nach aufgerufen.

ANDERE AUSNUTZEN

Finnen sind zwar selbst sehr geschäftstüchtig, doch es wird nicht gerne gesehen, wenn sich z. B. Gäste am Büfett mit Vorräten für den Tag eindecken. Solltest du etwas für eine Wanderung einpacken wollen, frag höflich und bezahl im Zweifelsfall das Lunchpaket. Und bei Partys trinkt man meist nicht mehr Alkohol, als man mitgebracht hat.

MÜLL ENTSORGEN

In Nationalparks gilt die Regel, den eigenen Müll wieder mitzunehmen und ggfs. auch anderen Müll einzusammeln. Müllsortierung und Recycling werden ernst genommen, Batterien nehmen alle Elektronikläden zurück.

DIE SCHUHE ANBEHALTEN

Weil viele finnische Wohnungen mit hellen Holzböden ausgestattet sind, ist es üblich, beim Betreten von Privatwohnungen die Schuhe auszuziehen. Bring am besten ein Paar Zusatzsocken mit, falls du schnell kalte Füße bekommst.

LOB ODER KRITIK? WIR FREUEN UNS AUF DEINE NACHRICHT!

Trotz gründlicher Recherche schleichen sich manchmal Fehler ein. Wir hoffen, du hast Verständnis, dass der Verlag dafür keine Haftung übernehmen kann.

MARCO POLO Redaktion • MAIRDUMONT • Postfach 31 51
73751 Ostfildern • info@marcopolo.de

Impressum
Titelbild: Blick auf den Pielinen-See vom Berg Ukkokoli (huber-images: R. Spila)
Fotos: DuMont Bildarchiv: Krüger (21), O. Meinhardt (8/9, 11, 14/15, 26/27, 33, 56, 93, 98, 105, 106, 109, 110, 118, 120, 132/133, 135, 142/143); F. M. Frei (40/41); J. Freyer-Lindner (147); huber-images: K. Dadfar (51), R. Spila (117); Laif: T. Gerber (70), M. Gonzalez (30), F. Heuer (34/35), P. Hirth (2/3), G. Theis (16/17); Laif/hemis.fr: Berthier (25), D. Caviglia (68); Look: H. Leue (60), B. v. Dierendonck (100/101); Look/age fotostock (112/113, 130); mauritius images: O. Borchert (76), Bridge (13); mauritius images/Alamy: (72/73, 97), S. Agnihotri (45), J. Alexander (52), G. Avelio (80), J. Eccles (128), Finmiki (122/123), P. Forsberg (79), E. Noeva (90), Parkerphotography (10, 62/63), S. Reddy (28/29), J. Sparks (67), J. Talalay (32/33), T. E. White (87); mauritius images/Folio Images: J. Aro (82/83); mauritius images/hemis.fr: R. Mattes (6/7); mauritius images/imagebroker: A. Pöschel (47), Zoller (144/145); picture alliance/Lehtikuva: I. Pekkarinen (75); picture-alliance/dpa: M. Rautkari (125); S. Randebrock (22, 48); Shutterstock: R. Babkin (Klappe vorne außen, Klappe vorne innen/1), O. Bilkei (12), borneolover (55), FotograFFF (29), Hivaka (59), yari2000 (Klappe hinten); T. Stankiewicz (89); vario images/Naturbild (37); vario images/RHPL (94/95)

14. Auflage 2022, komplett überarbeitet und neu gestaltet

Autorin: Joseann Freyer-Lindner
Redaktion: Karin Liebe
Bildredaktion: Anja Schlatterer
Kartografie: © MAIRDUMONT, Ostfildern (S. 38–39, 124, 127, 131, Umschlag außen, Faltkarte);
© MAIRDUMONT, Ostfildern, unter Verwendung von Kartendaten von OpenStreetMap, Lizenz CC-BY-SA 2.0 (S. 42–43, 64–65, 84–85, 102–103, 114–115)
Als touristischer Verlag stellen wir bei den Karten nur den De-facto-Stand dar. Dieser kann von der völkerrechtlichen Lage abweichen und ist völlig wertungsfrei.
Gestaltung Cover, Umschlag und Faltkartencover: bilekjaeger_Kreativagentur mit Zukunftswerkstatt, Stuttgart; Gestaltung Innenlayout: Langenstein Communication GmbH, Ludwigsburg
Spickzettel: in Zusammenarbeit mit PONS GmbH, Stuttgart
Texte hintere Umschlagklappe: Lucia Rojas
Konzept Coverlines: Jutta Metzler, bessere-texte.de
Printed in Poland

FSC www.fsc.org MIX Paper | Supporting responsible forestry FSC® C018236

MARCO POLO AUTORIN
JOSEANN FREYER-LINDNER

„Ist ja nur für drei Jahre", sagte sich Joseann Freyer-Lindner nach dem ersten Winter. Und: „Aufgeben gilt nicht." 15 Winter und zahllose Fazer-Schokoladentafeln und Frostbeulen später bietet sie als Stadtführerin in Helsinki Musiktouren an *(cititunes.com)* und freut sich, dass sie noch hier ist. Das Licht im Sommer entschädigt sie für alle winterlichen Entbehrungen, auch die Sprache hat ihre Schrecken verloren.